Philip Kiefer

Das große Vorsorge-Paket

Formulare zum Download

Vielleicht möchten Sie die Formulare im Buch belassen? Dann gehen Sie auf die Webseite zum Buch:

www.mut.de/pdf-book/2258

Auf der Webseite werden Ihnen die Formulare gesondert als PDF-Datei zur Verfügung gestellt, sodass Sie diese beliebig oft ausdrucken können. Zudem finden Sie auf der Webseite noch weitere Formulare zum Download. Bei Problemen mit dem Download wenden Sie sich bitte an info@mut.de, dort wird Ihnen zeitnah geholfen.

Das große Vorsorge-Paket

Philip Kiefer

Markt+Technik

ISBN 978-3-95982-258-9

2., aktualisierte Auflage
Espenpark 1a
90559 Burgthann

Produktmanagement Christian Braun, Burkhardt Lühr
Lektorat, Herstellung Jutta Brunemann
Layout David Haberkamp
Covergestaltung David Haberkamp
Coverfoto © WavebreakMediaMicro – Adobe Stock
Satz inpunkt[w]o, Wilnsdorf (www.inpunktwo.de)
Druck mediaprint solutions GmbH, Paderborn
Printed in Germany

Inhalt

1

Richtig vorsorgen:
alles, was Sie dazu wissen müssen

Das Thema Vorsorge liegt auf der Beliebtheitsskala der Deutschen irgendwo zwischen einer Wurzelbehandlung beim Zahnarzt und dem Erledigen der Einkommensteuererklärung. Wir planen so gut wie alles: wie wir beruflich vorankommen, wie wir eine Familie gründen, wie wir unsere Wohnung einrichten, welche Sendungen wir uns am Abend ansehen möchten. Wir lieben es außerdem, Urlaube und Gärten zu planen. Nehmen wir hingegen das eigene Lebensende oder eine mögliche Pflegebedürftigkeit in den Blick, so verdrängen wir diese Vorstellungen oft schnell wieder.

Manchmal werden wir vom Leben mit dem Zaunpfahl auf das Thema Vorsorge hingewiesen. Etwa wenn bei einer Person im Freundeskreis eine schwere Krankheit diagnostiziert wird. Oder wenn eine weltweite Pandemie – wie die Corona-Pandemie – grassiert. Kurz: wenn die eigene Verletzbarkeit und Sterblichkeit wieder mehr ins Bewusstsein rückt.

Mit diesem Buch mache ich Ihnen den Vorschlag, sich dem Thema Vorsorge einmal gründlich zu widmen, zum Beispiel an einem Wochenende oder an mehreren Nachmittagen, und anschließend wieder vollauf Ihr Leben zu genießen. Es soll ein Rundum-sorglos-Paket sein, das Ihnen nicht nur alle erforderlichen Informationen zu Patientenverfügung, Vorsorgevollmacht, Testament, digitalem Nachlass usw. bietet, sondern Ihnen auch mit Checklisten und Formularen weiterhilft, die Sie für Ihre persönlichen Zwecke verwenden und anpassen können.

Dieses Buch soll eine Alternative sein zu den vielen Werken und Formularen, die auf dem Buchmarkt oder im Internet kursieren, die jedoch teils oberlehrerhaft, teils umständlich formuliert sind. In diesem Buch wird jederzeit – nach Möglichkeit auch in den Formularvordrucken hinten im Buch – auf eine verständliche und leserfreundliche Sprache geachtet. Und statt Ihnen oberlehrerhaft etwas vorzukauen, werden wir die geschilderten Themen Schritt für Schritt gemeinsam erarbeiten.

Legen wir also los und schieben wir unsere Vorsorge nicht mehr auf die lange Bank! Denn das wäre nicht nur nachlässig uns selbst gegenüber, sondern auch unverantwortlich gegenüber unseren Lieben, die im Ernstfall vor schwierige und traurige Entscheidungen gestellt würden. Und mögliche Ernstfälle gibt es weiß Gott genug: Unfälle, Demenz, Flugzeugabsturz, Krebs, Corona und andere Krankheiten ... Natürlich steigen die Risiken mit dem Alter, doch kann es auch jüngere Menschen treffen.

Wie gesagt, das Thema Vorsorge kann schon auch mal unangenehm sein. Machen wir uns dennoch gleich an die Arbeit! Zuvor aber noch ein wichtiger Hinweis: Dieses Buch berücksichtigt lediglich die rechtliche Lage in Deutschland und wurde von einem Juristen in dieser Hinsicht geprüft. In anderen Ländern kann die rechtliche Lage abweichen.

1.1 Verfügung, Vollmacht und Co.: Wir bringen Ordnung ins Begriffs-Chaos

Zu Ihrer perfekten persönlichen Vorsorge gehören mehrere Dokumente, zum Beispiel eine Patientenverfügung, eine Pflegeverfügung, eine Bestattungsverfügung und einige weitere Dokumente. Die unterschiedlichen Begriffe können Ihnen dabei schnell im Kopf herumschwirren und sind oft nicht selbsterklärend. Beginnen wir deshalb unser Projekt Vorsorge damit, die Begriffe der einzelnen Bausteine zu klären. In den folgenden Kapiteln dieses Buches werden Sie die einzelnen Bausteine dann ausführlicher kennenlernen und Hilfe für das Ausfüllen der ab Seite 125 im Formularteil befindlichen Formulare erhalten.

Patientenverfügung

Eine Patientenverfügung erstellen Sie für den Fall, dass Sie zu einem Patienten werden, der sich in einem Zustand befindet, in dem er seine Behandlungswünsche nicht mehr selbst äußern kann. Ein Beispiel für so einen Fall wäre ein Koma nach einem Verkehrsunfall. Da Sie keine Behandlungswünsche äußern können, wenn Sie im Koma liegen, müssten in diesem Fall andere Personen über Ihre Behandlung entscheiden – es sei denn, es liegt eine Patientenverfügung vor, die Sie vorsorglich erstellt haben. In der Patientenverfügung machen Sie individuelle Angaben zu Ihren Behandlungswünschen in Situationen, in denen Sie Ihren Willen nicht mehr direkt äußern können. Der Patientenverfügung widmen wir uns ausführlich in **Kapitel 2**.

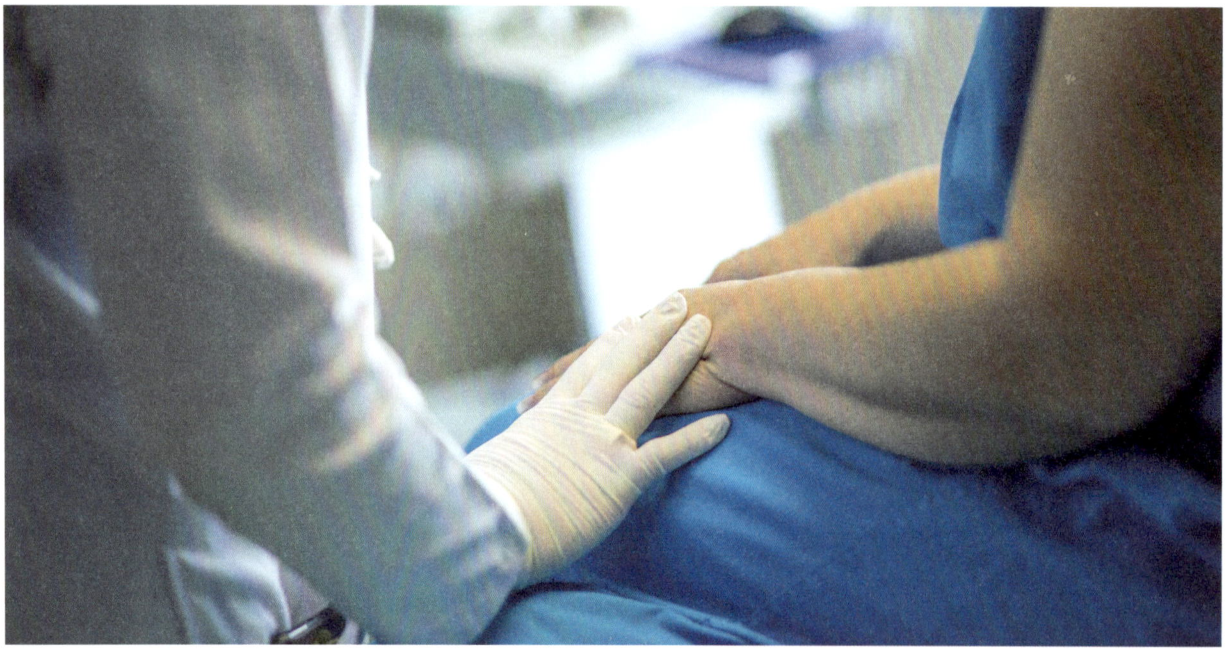

Überlegen Sie sich gut, wie Sie als Patient behandelt werden möchten, wenn Sie über Ihre Behandlung nicht mehr selbst entscheiden können.

Organspendeverfügung

Die Organspendeverfügung kann Teil der Patientenverfügung sein, sie kann jedoch auch als eigene Verfügung erstellt werden. In der einfachen Form eines Organspendeausweises kann sie jederzeit in der Brieftasche mitgeführt werden. Worum es bei der Organspendeverfügung geht, verrät schon der Name: Sie entscheiden, ob Sie im Todesfall als Organspender für lebende Personen dienen möchten. Hierbei können Sie festlegen, ob Sie Ihren Körper vollständig zur Verfügung stellen wollen oder nur von Ihnen bestimmte Organe. Übrigens kann ein Mensch unabhängig von seinem Alter und möglichen Erkrankungen Organspender werden. Ob er als Organspender taugt, wird von den Ärzten im Einzelfall entschieden. Zum Thema Organspendeverfügung lesen Sie mehr in **Kapitel 3**.

Pflegeverfügung

Die Pflegeverfügung ist mit der Patientenverfügung eng verwandt, denn auch sie wird herangezogen, wenn Sie nicht mehr selbst gefragt werden können. Während Sie mit einer Patientenverfügung Vorgaben zu Ihrer medizinischen Behandlung machen, erklären Sie in einer Pflegeverfügung, wie Sie sich Ihre Pflege im Fall einer Pflegebedürftigkeit vorstellen. Im Gegensatz zu einer Patientenverfügung ist die Pflegeverfügung zwar rechtlich nicht bindend, kann aber Ihren Angehörigen und dem Pflegepersonal entscheidende Hinweise zu Ihren Wünschen bezüglich der Pflege geben. Mehr dazu lesen Sie in **Kapitel 4**.

Betreuungsverfügung vs. Vorsorgevollmacht

Ein weiterer wichtiger Baustein Ihrer Vorsorge ist die Betreuungsverfügung, in der Sie festlegen, wen Sie Ihre Angelegenheiten regeln lassen möchten, für den Fall, dass Sie dies nicht mehr selbst tun können. Andernfalls würde ein Betreuungsgericht einen Betreuer einsetzen, ohne dass Sie einen Einfluss auf die Auswahl hätten.

Die Vorsorgevollmacht geht weiter als die Betreuungsverfügung. Ein Bevollmächtigter kann einen Betreuer ersetzen, da er zum Vertreter Ihrer Angelegenheiten wird und mit entsprechenden Vollmachten ausgestattet ist, um zum Beispiel Ihre Vermögensangelegenheiten zu regeln oder über die Unterbringung in einem Pflegeheim zu entscheiden.

Welche Personen in Ihrem Umfeld sich als Betreuer oder Bevollmächtigte eignen würden und wie Sie Ihre Betreuungsverfügung erstellen sowie wichtige Vollmachten erteilen, erfahren Sie in **Kapitel 5**.

1.1 Verfügung, Vollmacht und Co.: Wir bringen Ordnung ins Begriffs-Chaos

Bestattungsverfügung

Mit einer Bestattungsverfügung legen Sie fest, welche Wünsche Sie im Hinblick auf die Bestattung Ihres Leichnams haben. Zum Beispiel können Sie darin bestimmen, ob Sie eine Erd- oder Feuerbestattung wünschen, ob eine Trauerfeier stattfinden soll, welche Musik Sie bei der Trauerfeier bevorzugen, wer eine Einladung erhalten soll usw. Auch wenn es sich traurig anfühlt: Stellen Sie sich einmal gründlich Ihre ideale Bestattung vor und schreiben Sie Ihre Wünsche dazu nieder. Das **Kapitel 6** bietet Ihnen hierbei Unterstützung.

Legen Sie schriftlich dar, wie Sie sich Ihre Bestattung vorstellen – das wird Ihren Hinterbliebenen später eine große Hilfe sein.

Testament

Mit einem Testament bestimmen Sie, wer nach Ihrem Ableben Ihr Vermögen erhalten soll. Zwar steht bestimmten nahen Verwandten grundsätzlich ein Pflichtteil Ihres Erbes zu, der sich nur in Ausnahmefällen ausschließen lässt. Aber über diesen Pflichtteil hinaus können Sie Ihr Vermögen nach Ihren eigenen Vorstellungen vererben. Erstellen Sie kein Testament, wird Ihr Nachlass automatisch nach der gesetzlichen Erbfolge verteilt. Das könnte unter

Umständen zu Streitigkeiten in Ihrer Familie führen, wenn zum Beispiel Ihre Tochter Sie jahrelang gepflegt hat, während der Sohn durch Abwesenheit glänzte – sollten dann beide das Gleiche erben? Zum Thema Testament lesen Sie mehr in **Kapitel 7**.

Digitaler Nachlass

Beim digitalen Nachlass geht es nicht um Vermögenswerte, sondern um die Hinterlassenschaften auf Ihrem Computer und im Internet. Wenn Sie einen PC oder ein Smartphone besitzen und im Internet aktiv sind, werden sich im Lauf der Zeit viele Dateien, Internetkonten usw. ansammeln. Vor allem die Internetdaten – zum Beispiel das E-Mail-Konto, ein Konto bei Facebook usw. – sollten nach Ihrem Ableben gelöscht werden, damit nicht noch in 50 Jahren Spuren Ihres Internetdaseins bei Google zu finden sind. Wie Sie Ihren digitalen Nachlass optimal regeln, beschreibt das **Kapitel 8**.

Was sonst noch wichtig ist

Zur perfekten Vorsorge gehört auch, dass Ihre Notfallkontakte im Ernstfall informiert werden können (vgl. **Kapitel 9**) und dass Sie die zu Ihrer Vorsorge gehörenden Dokumente strukturiert aufbewahren, egal ob in Papierform oder digital (vgl. **Kapitel 10**). Schließlich können sich im Lauf der Jahre gesetzliche Änderungen ergeben, über die Sie sich zum Beispiel im Internet informieren könnten. Webadressen für aktuelle und weiterführende Informationen habe ich im Anhang für Sie gesammelt.

Sie sehen: Das Buch will mit seinen Inhalten tatsächlich ein Rundum-sorglos-Paket sein mit dem Ziel, am Ende einen Ordner mit allen benötigten Vorsorgedokumenten bereitzuhalten sowie Personen zu finden, denen Sie bestimmte Aspekte der Vorsorge übertragen können. Es kann, wie eingangs schon einmal geschrieben, jeden treffen, unabhängig vom Alter. Nehmen wir uns also etwas Zeit, uns um unsere Vorsorge zu kümmern – es ist Zeit, die sonst im Ernstfall andere Personen aufwenden müssten, und das wollen wir doch ganz bestimmt nicht!

Ein paar Worte zum Thema Geschlechtsneutralität

Dieses Buch richtet sich selbstverständlich an Personen jeden Geschlechts. Ich versuche, Frauen, Männer sowie Diverse möglichst geschlechtsneutral anzusprechen. An vielen Stellen im Buch gelingt dies allerdings nicht – es wäre ansonsten schlicht schlechter lesbar geworden. Für die Stellen, an denen nur die männliche Form verwendet wird – z. B. »den Bevollmächtigten« statt »den/die Bevollvollmächtigte(n)« – bitte ich vorab um Verständnis.

1.2 Checkliste:
Ihre Vorsorgeplanung – das ist zu tun

Die folgende Checkliste enthält im Groben die einzelnen Schritte, die für Ihre Vorsorgeplanung erforderlich sind. Sie können darin abhaken, welche Schritte Sie bereits erledigt haben, und behalten so stets den Überblick, was noch zu tun ist – selbst wenn Sie die Vorsorgeschritte zwischendurch einmal einige Wochen ruhen lassen sollten.

Info: So trennen Sie die Formulare unbeschädigt aus dem Buch

Die Formulare im Formularteil dieses Buches ab Seite 125 sind mit einer Perforation versehen, damit Sie diese aus dem Buch heraustrennen können. Dies erspart Ihnen den Gang zum Copyshop. Um die Formulare unbeschädigt aus dem Buch heraustrennen zu können, empfehle ich Ihnen, das Papier entlang der Perforation zunächst ein paar Mal hin und her zu falten und das Formular erst anschließend durch vorsichtiges seitliches Ziehen aus dem Buch zu lösen. Viele Leser werden dieses Prinzip zum Beispiel von Collegeblocks kennen. Die Formulare werden zudem als kostenloser Download auf der Website des Verlags Markt+Technik angeboten, wie auf Seite 1 beschrieben.

Statt die Formulare aus dem Buch zu trennen oder heruntergeladene Formulare auszudrucken, können Sie alternativ die Inhalte der Formulare als Bausteine für handschriftlich verfasste Verfügungen und Vollmachten verwenden. Handschriftliche Dokumente bieten den zusätzlichen Vorteil einer höheren Rechtssicherheit. Unabhängig davon, ob Sie sich für ein Formular oder ein handschriftliches Dokument entscheiden, müssen Sie ein Dokument jeweils mit Ort, Datum sowie einer eigenhändigen Unterschrift versehen. Vor- und Nachname sollten hierbei ausgeschrieben werden.

Meine persönliche Checkliste für die Vorsorgeplanung

In dieser Checkliste kreuze ich an, welche Vorsorgeschritte ich bereits unternommen habe. Die Liste dient gleichzeitig zu meiner groben Orientierung, was ich alles zu erledigen habe.

Patientenverfügung

☐ Ich habe mir ausführlich darüber Gedanken gemacht, wie ich als Patient behandelt werden möchte, wenn ich darüber – aus welchen Gründen auch immer – nicht mehr selbst entscheiden kann.

☐ Ich habe das Kapitel 2 des Vorsorgeplaners zum Thema Patientenverfügung gelesen, meine individuelle Patientenverfügung erstellt, ausgedruckt und eigenhändig unterschrieben.

Organspendeverfügung

☐ Ich bin mir im Klaren darüber, ob ich einige oder alle Organe meines Körpers im Falle meines Ablebens anderen Personen spenden möchte, um diesen damit eventuell gesundheitlich zu helfen, oder ob ich dies nicht tun will.

☐ Ich habe mithilfe von Kapitel 3 des Vorsorgeplaners eine Organspendeverfügung erstellt, diese ausgedruckt und eigenhändig unterschrieben, um meinen Willen im Hinblick auf das Thema Organspende zu bekunden.

Pflegeverfügung

☐ Ich habe mir die unangenehme Situation vorgestellt, eines Tages möglicherweise pflegebedürftig zu sein, und in dieser Vorstellung meine Wünsche bezüglich meiner Pflege ermittelt.

☐ Das Kapitel 4 des Vorsorgeplaners habe ich gelesen und danach meine persönliche Pflegeverfügung erstellt, ausgedruckt und eigenhändig unterschrieben, allerdings im Wissen, dass diese rechtlich nicht bindend ist.

Betreuungsverfügung/Vorsorgevollmacht

☐ Ich habe mir gründlich überlegt, wer sich um meine Angelegenheiten kümmern könnte, wenn ich dazu einmal nicht mehr selbst in der Lage sein sollte. Mir ist bewusst, dass dies ausschließlich Personen sein sollten, denen ich absolut vertrauen kann.

☐ Ich habe mit den betreffenden Personen gesprochen und in Erfahrung gebracht, ob diese dazu bereit wären, diese verantwortungsvolle Aufgabe zu übernehmen.

☐ Ich habe – wie in Kapitel 5 beschrieben – eine Betreuungsverfügung bzw. Vorsorgevollmacht erstellt, diese ausgedruckt und unterschrieben.

☐ Ich lasse die ärztliche Bestätigung meiner Vorsorgevollmacht alle zwei Jahre aktualisieren, um die höchstmögliche Rechtssicherheit zu wahren.

1.2 Checkliste:

Ihre Vorsorgeplanung – das ist zu tun

- ☐ Bei Bedarf habe ich die Vorsorgevollmacht notariell beurkunden lassen, was eventuell notwendig ist, damit der Bevollmächtigte auch im Zusammenhang mit Grundstücksgeschäften aktiv werden kann.

Bestattungsverfügung

- ☐ Ich habe mir vorgestellt, wie ich eines Tages bestattet werden möchte, und daraus die Wünsche für meine Bestattung abgeleitet, z. B. die Art der Bestattung, Musikwünsche und was noch dazugehört.

- ☐ Dank des Kapitels 6 habe ich die Wünsche für meine eigene Bestattung eindeutig zu Papier gebracht, diese ausgedruckt und eigenhändig unterschrieben.

Testament

- ☐ Ich habe mir Gedanken darüber gemacht, wer mir im Leben wichtig ist und wem ich dankbar bin. Daraus habe ich abgeleitet, wer nach meinem Ableben mein Vermögen bzw. Teile davon erhalten soll.

- ☐ Ich habe das Kapitel 7 des Vorsorgeplaners ausführlich studiert und auf der Basis meiner Erkenntnisse ein Testament verfasst, mit dem ich mein Erbe nach meinem Ableben verteile.

- ☐ Gegebenenfalls habe ich das Testament von einem Notar beglaubigen lassen, um absolute Rechtssicherheit zu gewährleisten.

Digitaler Nachlass

- ☐ Ich habe eine Liste mit allen Internetkonten gemacht, über die ich verfüge, um mir selbst einen Überblick zu verschaffen.

- ☐ Internetkonten, die ich überhaupt nicht mehr benötige, habe ich in diesem Zuge gelöscht.

- ☐ Ich habe das Kapitel 8 gelesen und die Formulare für die Regelung meines digitalen Nachlasses ausgefüllt, ausgedruckt und eigenhändig unterschrieben.

Notfallkontakte

- [ ] Mithilfe von Kapitel 9 und des dort befindlichen Formulars habe ich eine Liste meiner Notfallkontakte inklusive ihrer Adressen und Rufnummern erstellt – vom Hausarzt über den Notar bis zum Vorsorgebevollmächtigten.

Aufbewahrung der Unterlagen

- [ ] Ich habe – wie in Kapitel 10 vorgeschlagen – für meine Vorsorgeunterlagen einen Ordner besorgt und diesen eindeutig beschriftet. Alternativ bzw. ergänzend habe ich mich für eine digitale Aufbewahrung meiner Vorsorgeunterlagen entschieden und dafür entsprechendes Zubehör, etwa einen Speicherstick besorgt.

- [ ] Ich habe alle Vorsorgeunterlagen in dem Ordner abgeheftet, eventuell habe ich die Dokumente zu deren Schonung in Klarsichthüllen eingefügt. Eventuell habe ich die Unterlagen ergänzend digital auf einem Speichermedium abgelegt.

- [ ] Ich habe mehreren Personen meines Vertrauens mitgeteilt, wo sich der Ordner bzw. die Dateien mit den Vorsorgeunterlagen befinden, damit im Ernstfall schnell darauf zugegriffen werden kann.

- [ ] Außer meinen Vorsorgeunterlagen habe ich auch alle anderen wichtigen Dokumente übersichtlich geordnet: Bankunterlagen, Versicherungsunterlagen, Kaufverträge usw. Längst nicht mehr benötigte Unterlagen habe ich entsorgt. Andere Personen sollen sich nicht durch einen unsortierten Nachlass kämpfen müssen.

2

Patientenverfügung:

Ihre Behandlung im Ernstfall regeln

Wir wünschen uns alle ein gesundes, langes Leben, nach dem wir irgendwann im hohen Alter friedlich einschlafen. Leider ist die Realität für manche Menschen eine andere und beinhaltet einen längeren Sterbeprozess oder eventuell eine Demenz, also einen fortschreitenden Abbau der geistigen Fähigkeiten. Um sich gegen solche Eventualitäten abzusichern, erstellen Sie eine Patientenverfügung. Da ein Ernstfall prinzipiell bei Personen jeden Alters eintreten kann, sollten Sie die Erstellung Ihrer individuellen Patientenverfügung nicht unnötig hinauszögern.

Ein fiktives Fallbeispiel: Kalle. Der Familienvater ist 48 Jahre alt. Vor acht Monaten hatte Kalle einen schweren Autounfall. Seither liegt er in einem Krankenhausbett. Sein Gehirn und seine Wirbelsäule wurden bei dem Unfall so stark geschädigt, dass er sich nicht mehr bewegen und sich auch nicht mehr äußern kann, nicht mal mehr durch Augenzwinkern oder Ähnliches. Kalle wird künstlich ernährt und künstlich beatmet. Leider gibt es von Anfang an keine Hoffnung auf Besserung, auch wenn seine Frau Geli lange dafür gebetet hat. In einer Patientenverfügung hätte Kalle selbst festlegen können, wie er in einem solchen Ernstfall behandelt werden möchte – nun müssen andere Personen schwerwiegende Entscheidungen treffen.

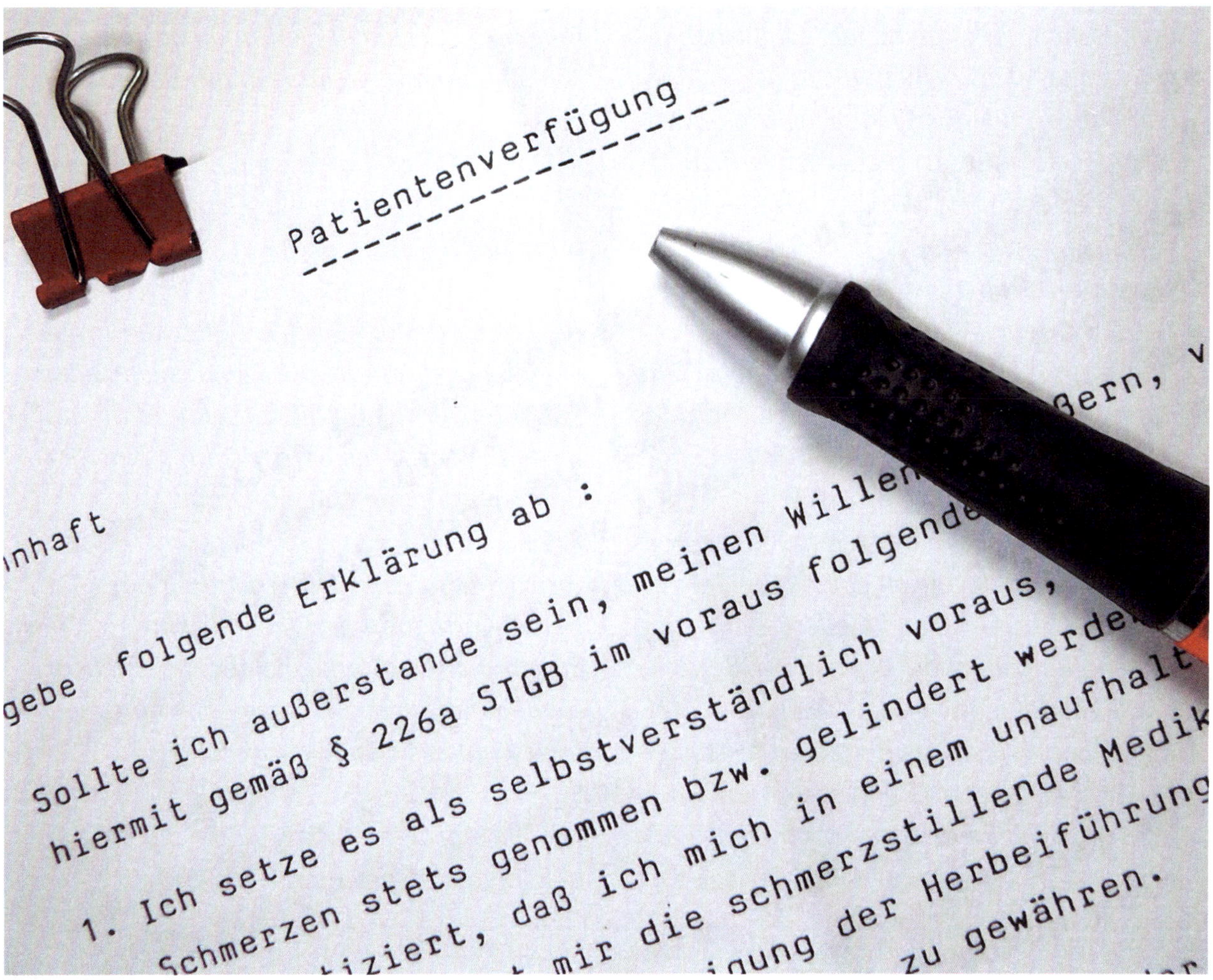

2.1 Das Gesetz
zur Patientenverfügung

Werfen wir einen Blick in das Bürgerliche Gesetzbuch. Das Thema Patientenverfügung wird nämlich im Paragrafen 1827 des BGB geregelt. Dies ist der Wortlaut:

§

(1) Hat ein einwilligungsfähiger Volljähriger für den Fall seiner Einwilligungsunfähigkeit schriftlich festgelegt, ob er in bestimmte, zum Zeitpunkt der Festlegung noch nicht unmittelbar bevorstehende Untersuchungen seines Gesundheitszustands, Heilbehandlungen oder ärztliche Eingriffe einwilligt oder sie untersagt (Patientenverfügung), prüft der Betreuer, ob diese Festlegungen auf die aktuelle Lebens- und Behandlungssituation zutreffen. Ist dies der Fall, hat der Betreuer dem Willen des Betreuten Ausdruck und Geltung zu verschaffen. Eine Patientenverfügung kann jederzeit formlos widerrufen werden.

(2) Liegt keine Patientenverfügung vor oder treffen die Festlegungen einer Patientenverfügung nicht auf die aktuelle Lebens- und Behandlungssituation zu, hat der Betreuer die Behandlungswünsche oder den mutmaßlichen Willen des Betreuten festzustellen und auf dieser Grundlage zu entscheiden, ob er in eine ärztliche Maßnahme nach Absatz 1 einwilligt oder sie untersagt. Der mutmaßliche Wille ist aufgrund konkreter Anhaltspunkte zu ermitteln. Zu berücksichtigen sind insbesondere frühere mündliche oder schriftliche Äußerungen, ethische oder religiöse Überzeugungen und sonstige persönliche Wertvorstellungen des Betreuten.

(3) Die Absätze 1 und 2 gelten unabhängig von Art und Stadium einer Erkrankung des Betreuten.

(4) Der Betreuer soll den Betreuten in geeigneten Fällen auf die Möglichkeit einer Patientenverfügung hinweisen und ihn auf dessen Wunsch bei der Errichtung einer Patientenverfügung unterstützen.

(5) Niemand kann zur Errichtung einer Patientenverfügung verpflichtet werden. Die Errichtung oder Vorlage einer Patientenverfügung darf nicht zur Bedingung eines Vertragsschlusses gemacht werden.

(6) Die Absätze 1 bis 3 gelten für Bevollmächtigte entsprechend.

Aus diesem Gesetzesparagrafen geht hervor, dass das Erstellen einer Patientenverfügung nur volljährigen und gleichzeitig »einwilligungsfähigen« Personen möglich ist. Einwilligungsfähigkeit bedeutet in diesem Zusammenhang einfach, dass Sie noch imstande sind, die Inhalte der Patientenverfügung zu erfassen. Im Falle beispielsweise einer fortschreitenden Demenz könnte es für das Erstellen der Patientenverfügung bereits zu spät sein.

Des Weiteren besagt der Paragraf, dass die Patientenverfügung von einem Betreuer oder Bevollmächtigten berücksichtigt werden muss, um die Behandlungswünsche des Patienten zu ermitteln. Ein Betreuer oder Bevollmächtigter ist diejenige Person, die sich um die Belange des Patienten kümmert, wenn dieser dazu selbst nicht mehr in der Lage ist – zum Thema Betreuung lesen Sie dann alles in Kapitel 5. Läge keine Patientenverfügung vor, müsste der Betreuer versuchen, die Behandlungswünsche zum Beispiel aus früheren Äußerungen, religiösen Überzeugungen usw. des Patienten abzuleiten.

In dem Paragrafen steht außerdem, dass sich die Patientenverfügung auf nicht unmittelbar bevorstehende Behandlungen bezieht, und dass Sie bestimmte Behandlungen in der Patientenverfügung sowohl ausdrücklich wünschen als auch ausdrücklich verbieten können. Dies ist etwa wichtig, wenn es um lebenserhaltende Maßnahmen geht – denn manche Personen möchten jede lebenserhaltende Maßnahme in Anspruch nehmen, weil es ihren religiösen Überzeugungen entspricht, während andere Personen auf lebenserhaltende Maßnahmen um jeden Preis lieber verzichten würden. Deshalb die Patientenverfügung: Sie können nach Ihren eigenen Ansichten völlig frei wählen.

Nicht zuletzt ist in dem Paragrafen geregelt, dass die Patientenverfügung absolut freiwillig ist und auch nicht zur Bedingung für den Abschluss eines Vertrags gemacht werden kann.

Hinweis: Gesetze und Daten können sich ändern

In diesem Buch werden Sie eine Reihe von Gesetzen sowie von statistischen Daten finden. Beachten Sie bitte, dass diese Gesetze und Daten dem jeweiligen Stand bei Redaktionsschluss entsprechen und sich selbstverständlich im Lauf der Jahre ändern können.

2.2 Wichtige Fragen und Antworten zur Patientenverfügung

Nun, Gesetzestexte sind zwar exakt, jedoch oft auch ziemlich verwirrend formuliert, finden Sie nicht auch? Nachdem wir uns mit dem einschlägigen Paragrafen beschäftigt haben, wollen wir deshalb nun für Sie wichtige Fragen im Zusammenhang mit der Patientenverfügung klären. Die Überschrift zu einem der folgenden Abschnitte stellt jeweils eine Frage, die im zugehörigen Text beantwortet wird.

Wann brauche ich eine Patientenverfügung?

Eine Patientenverfügung »brauchen« Sie zwar nicht unbedingt, und mit ein wenig Glück muss in Ihrem ganzen Leben niemals darauf zurückgegriffen werden. Dennoch empfehle ich Ihnen, das Erstellen einer Patientenverfügung nicht auf die lange Bank zu schieben. Denn ein Ernstfall ist zwar im hohen Alter wahrscheinlicher, doch ein schwerwiegender Unfall – der berühmte Ziegelstein, der Ihnen auf den Kopf fallen könnte, – wäre jederzeit möglich.

Übrigens habe ich einmal einen Blick in aktuelle Statistiken geworfen und festgestellt, dass selbst Demenz keineswegs nur hochbetagte Menschen treffen kann. Laut der Deutschen Alzheimer Gesellschaft leben in Deutschland rund 1,8 Millionen Menschen mit Demenz, von denen über 100.000 noch nicht das 65. Lebensjahr erreicht haben.

Niemand denkt gern an schwere Krankheiten oder das eigene Sterben. Die gesellschaftlichen Entwicklungen der letzten Jahrzehnte tragen viel dazu bei, diese Themen aus dem Bewusstsein zu verdrängen. Allerdings sind es Themen, an denen – früher oder später – niemand vorbeikommt. Erledigen Sie Ihre Vorsorgeplanung also lieber frühzeitig, um auf alle Eventualitäten vorbereitet zu sein.

Machen Sie sich bewusst: Die Patientenverfügung dient nicht nur dazu, Ihre eigene medizinische Behandlung zu regeln, sondern Sie entlasten damit auch diejenigen Personen, denen Sie im Ernstfall ansonsten schwerwiegende Entscheidungen auferlegen würden.

Um die Frage in aller Kürze zu beantworten: Eine Patientenverfügung sollten Sie in jedem Lebensalter ab Erreichen der Volljährigkeit bereithalten. Vergleichen Sie das ruhig mit einer Reisekrankenversicherung – diese schließen Sie ja auch in jedem Fall ab, wenn Sie ins ferne Ausland reisen, auch wenn Sie sie hoffentlich niemals benötigen werden.

Kann ich die Patientenverfügung allein erstellen?

Ihre Patientenverfügung können Sie – mithilfe dieses Buches – allein erstellen. Natürlich soll Sie das nicht daran hindern, sich im Zusammenhang mit der Patientenverfügung von anderen Personen zusätzlich beraten zu lassen, etwa von Ihrem behandelnden Arzt oder einer Beratungsstelle, die sich solchen Themen widmet. Jedoch ist die Patientenverfügung letzten Endes ein sehr individuelles Dokument, das auf Ihren persönlichen Lebensansichten und Wertvorstellungen beruht.

Wenn Sie sich neben diesem Buch noch nach anderen Informationsquellen zum Thema Patientenverfügung umsehen, beispielsweise im Internet, werden Sie von der Vielfalt des Angebots fast erschlagen: Ministerien, Anwälte, Kirchen, Krankenkassen und viele weitere Institutionen bieten Ihnen Informationen, manchmal auch Broschüren zur Patientenverfügung an. Dadurch könnten Sie den Eindruck gewinnen, dass die Patientenverfügung etwas Kompliziertes sei. Dies ist aber nicht der Fall: Das Erstellen einer Patientenverfügung erfordert unangenehme Gedanken an das eigene Sterben sowie ein wenig Arbeitsaufwand – kompliziert ist es jedoch nicht.

An wen richtet sich die Patientenverfügung?

Eine Patientenverfügung erstellen Sie, um den Sie behandelnden Ärzten und dem Pflegepersonal im Krankenhaus Ihre Behandlungswünsche mitzuteilen – für den Fall, dass Sie nicht mehr imstande sind, sich direkt zu äußern. So könnten Sie zum Beispiel – wie es viele Menschen tun – festlegen, dass Sie nicht künstlich ernährt oder beatmet werden möchten, wenn Sie sich bereits in einem fortgeschrittenen Sterbeprozess ohne Hoffnung auf Genesung befinden. Erstellen Sie keine Patientenverfügung, müssten über diese Sachverhalte andere Personen entscheiden.

Wenn Sie sich nicht mehr selbst äußern können, wird ein Betreuer oder Bevollmächtigter (vgl. Kapitel 5) sich um Ihre Belange kümmern. Auch für diesen ist die Patientenverfügung eine Hilfe. Denn ohne Patientenverfügung müsste er die Wünsche bezüglich Ihrer Behandlung anderweitig ableiten, etwa aus mündlichen und schriftlichen Äußerungen, die Sie zu einem früheren Zeitpunkt getätigt haben, aus ethischen und religiösen Überzeugungen sowie aus sonstigen persönlichen Wertvorstellungen. Dies ist in Absatz 2 des oben kennengelernten BGB-Paragrafen 1827 festgelegt.

Eine Patientenverfügung liefert dem behandelnden Arzt klare Ansatzpunkte über die Wünsche eines Patienten, der diese nicht mehr direkt äußern kann.

2.2 Wichtige Fragen und Antworten zur Patientenverfügung

Ist meine Patientenverfügung rechtlich verbindlich?

Wenn Sie Ihre Patientenverfügung schriftlich niederlegen, mit Datum versehen und eigenhändig unterschreiben, ist sie ab diesem Moment gültig und rechtlich verbindlich. Das bedeutet, dass sich die behandelnden Personen nach den in der Patientenverfügung enthaltenen Vorgaben richten müssen. Allerdings gilt die rechtliche Verbindlichkeit nicht für Wünsche, die von Gesetzes wegen verboten sind, etwa eine aktive Sterbehilfe, die in Deutschland zurzeit den Straftatbestand einer Tötung auf Verlangen erfüllen würde.

Die Patientenverfügung ist eine Willensbekundung, nach der sich die behandelnden Personen zu richten haben – diese würden sich ansonsten strafbar machen. Würde etwa ein Arzt gegen Ihren Willen eine bestimmte Behandlung durchführen, könnte das rechtlich als Körperverletzung gewertet werden. Aus diesem Grund können Sie sich sehr sicher sein, dass Ihrer Patientenverfügung auch tatsächlich die notwendige Beachtung geschenkt wird.

Wichtig ist die Schriftlichkeit der Patientenverfügung. Mündliche Äußerungen über Ihre Behandlungswünsche gelten nicht als Patientenverfügung. Jedoch könnten diese in die ärztlichen Erwägungen einbezogen werden, wenn keine schriftlich niedergelegte Patientenverfügung erstellt wird.

Hat meine Patientenverfügung ein Verfallsdatum?

Die von Ihnen schriftlich einmal erstellte und eigenhändig unterschriebene Patientenverfügung ist dauerhaft bis zu Ihrem Ableben gültig. Sie können die Patientenverfügung aber natürlich jederzeit widerrufen oder durch eine neue Patientenverfügung ersetzen. Wenn Sie die Patientenverfügung sowieso nur bei sich zu Hause aufbewahren, bedeutet Widerruf in diesem Fall einfach, die nicht mehr gewünschte Patientenverfügung zu schreddern. Haben Sie die Patientenverfügung anderen Personen übergeben, informieren Sie diese über Ihren Widerruf.

Der Widerruf einer Patientenverfügung kann ganz formlos sein. Er kann schriftlich, aber auch mündlich erfolgen. Falls Sie nicht mehr schreiben oder sprechen könnten, aber weiterhin einwilligungsfähig wären, könnten Sie den Widerruf einer Patientenverfügung sogar durch Kopfschütteln oder eine ähnliche Geste vornehmen.

Und natürlich: Wenn Sie zum Beispiel aus einem Koma erwachen und sich wieder selbst zu Ihren Behandlungswünschen äußern können, gelten diese aktuellen Äußerungen und nicht mehr das, was Sie irgendwann einmal in Ihrer Patientenverfügung festgelegt haben.

Hinweis: Nur Originale sind gültig

Wenn Sie Ihre Patientenverfügung mehreren Personen zur Aufbewahrung anvertrauen wollen, achten Sie darauf, dass es sich jeweils um ein Original handeln muss, also ein Dokument, das Sie eigenhändig unterschrieben haben. Die Kopie eines Dokuments ist rechtlich nicht verbindlich.

Wann sollte ich meine Patientenverfügung überarbeiten?

Auch wenn die einmal erstellte Patientenverfügung kein Verfallsdatum hat, sollten Sie diese dennoch hin und wieder einmal – z. B. alle zwei oder drei Jahre – wieder durchlesen, um zu überprüfen, ob das Geschriebene noch Ihren aktuellen Ansichten bzw. Lebensumständen entspricht. Falls nicht, erstellen Sie eine neue Patientenverfügung, um den neuesten Stand Ihrer Behandlungswünsche kundzutun.

Vielleicht waren Sie zum Zeitpunkt, an dem Sie Ihre Patientenverfügung erstellt haben, Mitglied einer Religionsgemeinschaft, die bestimmte Ansichten über lebensverlängernde Maßnahmen vertreten hat, inzwischen haben Sie die Religionsgemeinschaft aber verlassen und auch Ihre Ansichten bezüglich lebensverlängernder Maßnahmen angepasst – in diesem Fall würden Sie die Patientenverfügung neu erstellen.

Eine regelmäßig aktualisierte Patientenverfügung bietet im Zweifelsfall die größere Rechtssicherheit. Insofern kann es sich auch anbieten, in regelmäßigen Abständen (z. B. alle zwei oder drei Jahre) auch dann eine Patientenverfügung mit neuem Datum und neuer eigenhändiger Unterschrift zu erstellen, wenn sich diese inhaltlich gar nicht verändert hat.

Wie ist das eigentlich, wenn ich mich im Ausland aufhalte? Ist die Patientenverfügung dort ebenfalls gültig?

Solange Sie noch auf dem Jakobsweg pilgern oder mit dem Wohnmobil durch Skandinavien streifen können, wird eine Patientenverfügung nicht akut benötigt. Aber natürlich könnte es auch im Ausland zu schwerwiegenden gesundheitlichen Problemen oder Unfällen kommen. Die Patientenverfügung, die Sie mithilfe dieses Buches erstellen, ist aber ein nationales Dokument, in diesem Fall also nur in Deutschland rechtskräftig. Wenn Sie planen, sich länger in einem anderen Land aufzuhalten oder gar auszuwandern, sollten Sie sich unbedingt mit der dort herrschenden Gesetzeslage auseinandersetzen und eine zusätzliche Patientenverfügung in der jeweiligen Landessprache verfassen. Achten Sie außerdem darauf, für Ihre Auslandsaufenthalte eine Reisekrankenversicherung abzuschließen, die im Ernstfall einen zeitnahen Rücktransport ermöglicht.

2.2 Wichtige Fragen und Antworten zur Patientenverfügung

Genießen Sie Ihre Reisen in vollen Zügen – aber sorgen Sie auch für den Ernstfall vor.

Treten Sie eine längere Reise grundsätzlich nur dann an, wenn Sie sich gesund fühlen. Denn im Ausland krank zu werden, kann nicht nur für Sie, sondern auch für Ihre Angehörigen mit einem hohen organisatorischen Aufwand und unvorhersehbaren Unannehmlichkeiten verbunden sein.

Achtung: Lesen Sie stets das Kleingedruckte!

Im Kleingedruckten mancher Reisekrankenversicherung ist der Rücktransport auf medizinisch notwendige Fälle begrenzt – hierauf sollten Sie sich nicht einlassen. Denn »medizinisch notwendig« bedeutet, dass Sie den Rücktransport nur dann bezahlt bekommen würden, wenn z. B. eine erforderliche Operation im jeweiligen Land nicht möglich wäre. Sie wollen aber sicher lieber in der Heimat operiert werden als in einem Land, dessen Sprache Sie nicht mächtig sind.

Worauf muss ich nach dem Erstellen meiner Patientenverfügung achten?

Nachdem Sie Ihre Patientenverfügung erstellt haben, ist es natürlich wichtig, diese sinnvoll aufzubewahren, wie ich es Ihnen in Kapitel 10 noch näher vorstellen werde. Außerdem sollten Sie andere Personen darüber informieren, wo die Patientenverfügung zu finden ist. Alternativ erstellen Sie mehrere Exemplare, die Sie jeweils eigenhändig unterzeichnen, und übergeben diese denjenigen Personen, die im Ernstfall für Sie handeln sollen (vgl. Kapitel 5).

Welche Informationen muss eine Patientenverfügung enthalten?

Mit der Frage danach, welche Informationen eine Patientenverfügung enthalten muss, begeben wir uns bereits einen Schritt weiter in Richtung des praktischen Teils, in dem Sie Ihre Patientenverfügung konkret erstellen.

Zu Beginn der Patientenverfügung machen Sie Angaben zu Ihrer Person. Sie geben also Ihren vollständigen Namen, Ihren Wohnort sowie Ihr Geburtsdatum an. Der Name allein genügt nicht, denn im Krankenhaus könnten ja zum Beispiel mehrere Personen mit dem Namen Karl Müller liegen.

Die eigentliche Patientenverfügung besteht darin, möglichst konkrete Angaben zu Ihren Wünschen in unterschiedlichen Behandlungssituationen zu machen, also etwa eine künstliche Beatmung oder eine Schmerzbehandlung betreffend. Im Formular, das Ihnen in diesem Buch zur Erstellung Ihrer Patientenverfügung angeboten wird, können Sie Ihre Auswahl in vielen Fällen einfach durch das Ankreuzen von Optionen treffen.

Zum Abschluss versehen Sie Ihre Patientenverfügung mit Datum und Unterschrift. Ab diesem Zeitpunkt ist die Patientenverfügung rechtskräftig und sowohl das medizinische Personal als auch Angehörige, Betreuer und Bevollmächtigte müssen sich nach Ihren schriftlich dargelegten Wünschen richten.

Ist meine Patientenverfügung rechtskräftig, wenn ich nur die Inhalte in einem Formular ankreuze?

Sie können eine Patientenverfügung frei formulieren oder Inhalte, die in einem Formular zur Auswahl vorgegeben sind, ankreuzen. Die Rechtskraft der Patientenverfügung entsteht durch Ihre Unterschrift sowie die ärztliche Bestätigung Ihrer Einwilligungsfähigkeit.

Das Formular stellt gerade bei den vielen medizinischen Formulierungen eine große Erleichterung für Sie als medizinischen Laien dar und kann sogar Fehler bei der Formulierung vermeiden helfen. Beim Formular müssen Sie lediglich darauf achten, dass Sie keine widersprüchlichen Wünsche ankreuzen.

2.2 Wichtige Fragen und Antworten zur Patientenverfügung

Auf der anderen Seite soll Sie ein solches Formular aber nicht dazu verleiten, das Thema Patientenverfügung oberflächlich im Blitztempo anzugehen. Beschäftigen Sie sich ausführlich mit jedem Punkt und lassen Sie sich gegebenenfalls dazu beraten, bevor Sie Ihre Auswahl treffen, auch wenn dazu in vielen Fällen nur ein Kreuzchen notwendig ist.

Ist es sinnvoll, in einer Patientenverfügung auch meine persönlichen Wertvorstellungen darzulegen?

Beim Erstellen Ihrer Patientenverfügung machen Sie möglichst konkrete Angaben zu medizinischen Anwendungsbereichen. Wenn einmal in einem nicht genannten Anwendungsbereich eine Entscheidung getroffen werden muss, können jedoch Informationen über Ihre persönlichen Wertvorstellungen hilfreich sein, um daraus Ihren Patientenwillen abzuleiten. Im Formular für Ihre Patientenverfügung wird auch der Darlegung Ihrer persönlichen Wertvorstellungen einiger Raum gegeben.

Schreiben Sie in diesem Zusammenhang zum Beispiel über Ihre religiösen oder ethischen Ansichten, welche Erfahrungen Sie in Ihrem Leben geprägt haben, aber auch, welche Erfahrungen Sie mit dem Sterben anderer Personen gemacht haben. Schreiben Sie außerdem, was Sie in Ihrem Leben erreichen und wie Sie Ihren Ruhestand verbringen möchten, wie Sie sich ein lebenswertes Leben vorstellen, ob Sie gern Hilfe annehmen oder lieber niemandem zur Last fallen möchten. Geben Sie über Inhalte solcher Art ganz individuelle Auskünfte.

Patientenverfügung für den Spezialfall Covid-19

Die Corona-Pandemie ist inzwischen glücklicherweise abgeebbt, aber die Krankheit gibt es noch. Zusätzlich zu dem hinten im Buch befindlichen Formular zum Erstellen einer allgemeinen Patientenverfügung finden Sie daher im Formularteil dieses Buches auch ein Formular für eine Patientenverfügung im Fall einer Covid-19-Erkrankung.

3

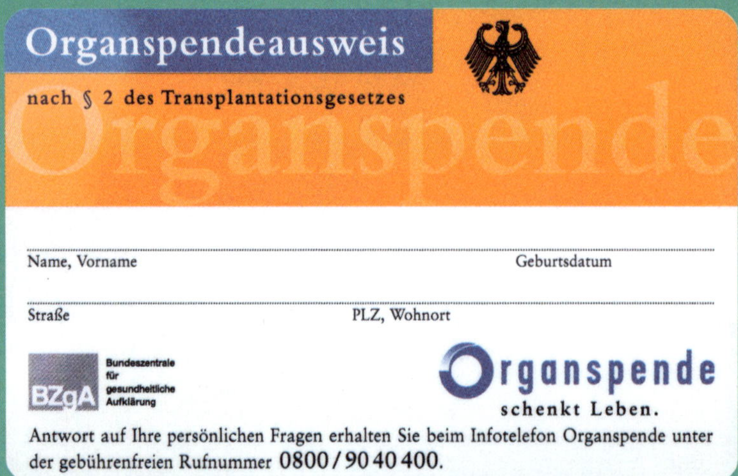
Organspendeausweis
nach § 2 des Transplantationsgesetzes
Organspende
Name, Vorname
Geburtsdatum
Straße
PLZ, Wohnort
BZgA
Bundeszentrale für gesundheitliche Aufklärung
Organspende
schenkt Leben.
Antwort auf Ihre persönlichen Fragen erhalten Sie beim Infotelefon Organspende unter der gebührenfreien Rufnummer 0800 / 90 40 400.

Organspende:

Ja, Nein oder teilweise?

Mit einer Organspendeverfügung legen Sie fest, ob nach Ihrem Tod Organe aus Ihrem Körper entnommen werden dürfen, um damit anderen Menschen zu helfen, die entsprechende Organe benötigen. Häufig wird eine Organspendeverfügung in die Patientenverfügung mit aufgenommen. Da sich die Patientenverfügung auf die Behandlung während Ihrer Lebenszeit bezieht und die Organspendeverfügung erst nach Ihrem Tod in Kraft tritt, soll die Organspendeverfügung hier gesondert behandelt und erstellt werden.

Wie bereits erwähnt, besteht eine Mini-Version der Organspendeverfügung in einem scheckkartengroßen Organspendeausweis, wie Sie ihn zum Beispiel von Ihrer Krankenkasse zugeschickt bekommen. Ein solcher Organspendeausweis ist empfehlenswert, um ihn stets bei sich zu tragen. Allerdings wird er dem wichtigen Thema Organspende nicht vollständig gerecht, zum Beispiel kann das Geschriebene, das im Portemonnaie transportiert wird, schnell mal verschmieren (so ist es zumindest mir passiert).

Zu Ihren Vorsorgeunterlagen gehört deshalb auch eine »richtige« Organspendeverfügung. Ein Organspendeausweis, den Sie stets bei sich tragen, sollte dennoch als sinnvolle Ergänzung für Notfälle dienen.

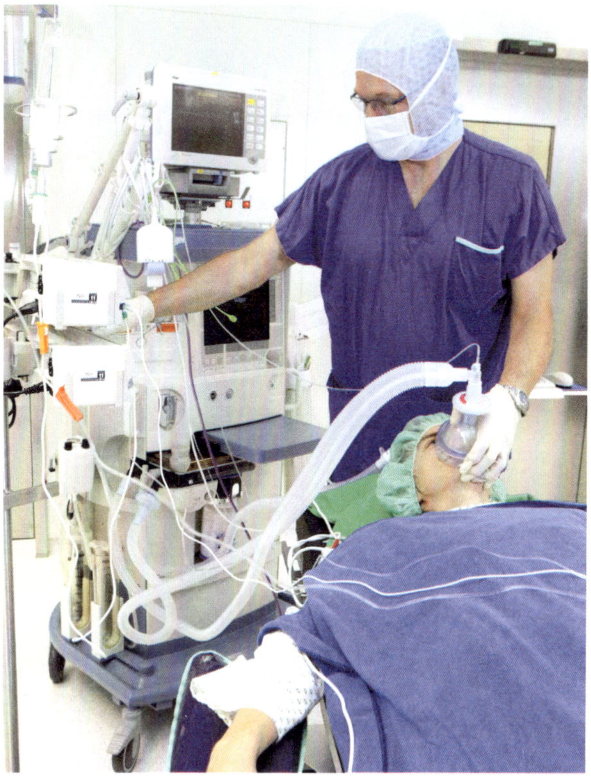

Tipp: Hier bekommen Sie einen Organspendeausweis

Sie können zusätzlich zu Ihrer Organspendeverfügung einen oder mehrere Organspendeausweise an unterschiedlichen Orten platzieren, etwa in Ihrem Portemonnaie oder im Handschuhfach Ihres Autos. Natürlich müssen alle identisch ausgefüllt werden. Einen Organspendeausweis haben Sie vielleicht bereits von Ihrer Krankenkasse zugeschickt bekommen. Aber auch unter der folgenden Webadresse können Sie einen Organspendeausweis bestellen; zusätzlich besteht die Möglichkeit, einen Organspendeausweis online auszufüllen und direkt auszudrucken: www.organspende-info.de.

3.1 Zur rechtlichen Situation beim Thema Organspende

Betrachten wir zunächst einmal die Statistik. In Deutschland warteten im Jahr 2023 über 8.000 Menschen auf ein Spenderorgan. Die meisten davon, knapp 6.200, benötigen eine Niere. Weitere häufig benötigte Organe sind Leber, Herz und Lunge. Dem stehen aber nur 2.731 Transplantationen dieser Organe im Jahr 2023 in Deutschland gegenüber. Daraus wird deutlich, dass viele Menschen umsonst auf ein Spenderorgan warten, da es in Deutschland schlichtweg zu wenige Organspender gibt.

Vielleicht haben Sie in den letzten Jahren die politischen Diskussionen in Deutschland rund um das Thema Organspende verfolgt. Bei diesen Themen ging es darum, ob eventuell eine sogenannte Widerspruchslösung eingeführt werden sollte. Widerspruchslösung hätte bedeutet, dass die Organe eines Menschen nach dessen Tod automatisch zum Zweck der Organspende hätten entnommen werden dürfen, sofern dieser der Organspende zu seinen Lebzeiten nicht ausdrücklich widersprochen hätte. Die Widerspruchslösung gilt zum Beispiel in Österreich, Spanien sowie vielen weiteren Ländern und sorgt dafür, dass dort prozentual deutlich mehr Organtransplantationen durchgeführt werden können.

In Deutschland wurde die Widerspruchslösung jedoch zu Beginn des Jahres 2020 im Bundestag abgelehnt. Der Eingriff in die Selbstbestimmung eines jeden Menschen wäre zu tief. Deshalb wurden andere Maßnahmen beschlossen, die zu mehr Organspenden führen sollen. Ein entsprechendes Gesetz ist am 1. März 2022 in Kraft getreten.

Nach dem neuen Gesetz bleibt die bestehende sogenannte Entscheidungslösung erhalten, d. h., eine Person kann zu Lebzeiten selbst entscheiden, ob sie einer Organspende nach ihrem Tod zustimmt oder nicht. Legt sich eine Person zu ihren Lebzeiten nicht ausdrücklich fest, muss der nächste Angehörige nach bestem Wissen und Gewissen über eine mögliche Organspende entscheiden.

Beim Erstellen einer Organspendeverfügung geht es also – wie schon beim Erstellen der Patientenverfügung – zum einen darum, den trauernden Hinterbliebenen keine schwerwiegenden Entscheidungen aufzubürden. Zum anderen möchten Sie sich aber sicher auch selbst eine Meinung über eine mögliche Organspende bilden und darüber zu Ihren Lebzeiten selbst entscheiden.

Was das neue Gesetz aber nun ebenfalls vorsieht: Die Menschen sollen zum Thema Organspende deutlich besser informiert und darüber »bei Bedarf« alle zwei Jahre ärztlich beraten werden. Die Menschen werden also dazu aufgefordert, sich mit dem Thema Organspende tatsächlich zu beschäftigen und dann eine Entscheidung darüber zu treffen. Organspendeausweise sollen von den Ausweisstellen ausgehändigt oder elektronisch übermittelt werden. Außerdem wurde ein bundesweites Onlineregister eingerichtet, das Sie unter dieser Webadresse erreichen: https://organspende-register.de/erklaerendenportal.

3.2 Wichtige Fragen und Antworten
zur Organspendeverfügung

Bevor Sie gleich damit loslegen können, Ihre Organspendeverfügung zu erstellen, möchte ich noch einige Fragen zum Thema Organspende beantworten, die Ihnen vielleicht unter den Nägeln brennen. Wieder stellt die Überschrift zu einem Abschnitt jeweils eine Frage, die im zugehörigen Text beantwortet wird.

Bin ich nicht sowieso zu alt für eine Organspende?

Sie erinnern sich vielleicht an den Außerirdischen Alf, der meinte, dass es nie zu früh und selten zu spät sei. Dies gilt auch für die Organspende. Für gespendete Organe gibt es kein Höchstalter, sondern die Ärzte entscheiden – wenn Sie einer Organspende zustimmen – von Fall zu Fall, ob eines oder mehrere Organe für eine Organtransplantation geeignet sind. Zwar gilt als Faustregel, dass sich jüngere Organe für eine Organspende besser eignen, aber diese stehen natürlich auch deutlich seltener zur Verfügung als die Organe älterer Personen.

Was Organspenden von älteren Menschen anbelangt, wurde schon 1999 das »Eurotransplant Senior Program« ins Leben gerufen. Bei diesem Programm geht es darum, dass älteren Personen, die ein Organ benötigen, etwa gleichaltrige Organe transplantiert werden.

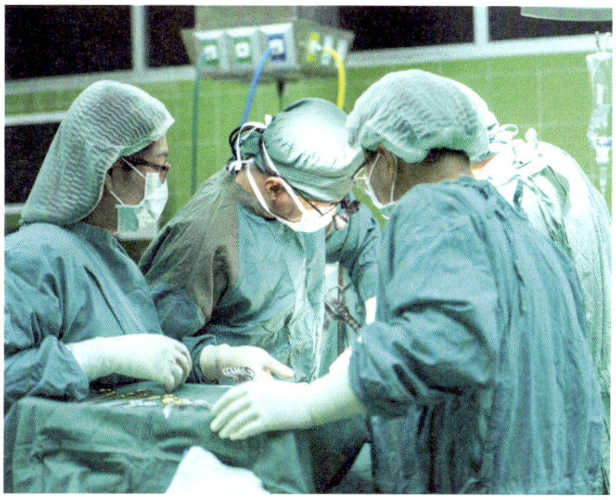

Ob ein Organ für eine Organspende taugt, hängt nicht unbedingt vom Lebensalter ab, sondern vom Erhaltungszustand des jeweiligen Organs.

Ab welchem Alter kann eine Organspendeverfügung erstellt werden?

In Deutschland können Personen schon ab ihrem vollendeten 14. Lebensjahr eine Organspende nach ihrem Tod ablehnen. Sich für eine Organspende nach dem Tod zu entscheiden, ist hingegen erst ab dem vollendeten 16. Lebensjahr möglich. Stark vereinfacht gesagt: Personen können ab dem 14. Lebensjahr ein »Nein« ankreuzen, aber erst ab dem 16. Lebensjahr ein »Ja«.

3.2 Wichtige Fragen und Antworten zur Organspendeverfügung

Ab welchem Zeitpunkt gelte ich als tot und kann meine Organe spenden?

Eine Organspende kann ab dem Zeitpunkt erfolgen, zu dem bei Ihnen der Hirntod festgestellt wird. Darunter versteht man das nicht umkehrbare Ende aller Hirnfunktionen, während das Herz-Kreislauf-System künstlich aufrechterhalten wird. Der Hirntod wird von Medizinern als eigentlicher Tod betrachtet, auch wenn der Körper an sich noch weiterleben kann.

Wie läuft eine Organspende ab?

Haben Sie einer Organspende zugestimmt, können Ihnen nach Ihrem Hirntod Organe entnommen werden. Dies läuft vom Prinzip her ähnlich ab wie eine Operation an einem lebenden Menschen, d. h., der Körper wird aufgeschnitten, ein Organ wird entnommen, danach wird der Körper wieder zugenäht. Natürlich wird auch geprüft, ob das Organ überhaupt für eine Transplantation geeignet ist. Außerdem werden weitere Merkmale abgeglichen, die für eine Transplantation wichtig sind, zum Beispiel wird die Blutgruppe festgestellt. Das gespendete Organ erhält dann diejenige Person, die in der Warteliste für das betreffende Organ ganz oben steht. Nach der Entnahme eines Organs muss es mit der Transplantation sehr schnell gehen – schon während das Organ zum Empfänger transportiert wird, wird dieser auf die Transplantation vorbereitet.

Kann es bei der Organspende zu krummen Geschäften kommen?

Der Handel mit Organen ist in Deutschland verboten. Jedoch sind krumme Geschäfte grundsätzlich in jedem Bereich möglich – auch im Zusammenhang mit der Organspende. Allerdings dürften hierzulande Skandale wie der große Organspendeskandal von 2010 und 2011 doch eher die absolute Ausnahme sein. Damals wurden in mehreren Kliniken Krankenakten frisiert, um bevorzugt Lebertransplantationen durchführen zu können.

Gilt meine Organspendeverfügung auch im Ausland?

Wenn Sie ins Ausland reisen, gilt auch beim Thema Organspende das jeweilige Recht des Urlaubslandes. In vielen Ländern wird die sogenannte Widerspruchslösung angewandt, wonach die Organe einer toten Person entnommen werden dürfen, sofern diese nicht zu Lebzeiten widersprochen hat. Dieser Sachverhalt hängt nicht von der Nationalität der Personen ab.

Einen Widerspruch gegen die Organspende können Sie auch im Ausland mit Ihrer Organspendeverfügung bzw. mit einem Organspendeausweis bekunden, indem Sie dort ein »Nein« ankreuzen. Aber: Sie können nicht sicher sein, dass Ihr deutschsprachiger Organspendeausweis im Ernstfall im Ausland verstanden wird. Abhilfe schafft ein Organspendeausweis in der Landessprache des jeweiligen Urlaubslandes. Unter der bereits vorgestellten Webadresse www.organspende-info.de lassen sich Organspendeausweise in zahlreichen Sprachen als PDF-Datei herunterladen und ausdrucken.

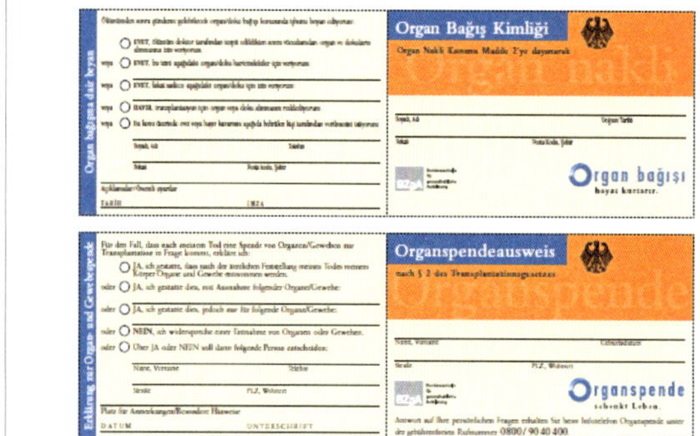

Ihr persönlicher Organspendeausweis in Türkisch

Grundsätzlich gilt im Ausland die Regelung des jeweiligen Landes. Vor Ihrem Auslandsaufenthalt ist es jedoch ratsam, einen Organspendeausweis in der entsprechenden Landessprache auszufüllen und zu Ihren Personalpapieren zu legen. Somit kann Ihre persönliche Entscheidung auch im Ausland verstanden und beachtet werden.

Schneiden Sie den Ausweis einfach aus und tragen Sie Ihre Daten in die vorgegebenen Felder ein. Der Ausweis wird an keiner offiziellen Stelle registriert oder hinterlegt. Aus diesem Grund sollten Sie ihn immer bei sich tragen und Freunden und Angehörigen von Ihrer Entscheidung erzählen.

Glossar

deutsch	türkisch	deutsch	türkisch
Herz	Kalp	Teile der Hirnhaut	Beyin zarı
Lunge	Akciğer	Gehörknöchelchen	Orta kulak kemikçikleri
Leber	Karaciğer	Herzklappen	Kalp kapakçıkları
Nieren	Böbrek	Teile der Haut	Deri
Bauchspeicheldrüse	Pankreas	Teile der Blutgefäße	Damarlar
Darm	Bağırsak	Teile des Knochengewebes	Kemik dokusu
Hornhaut der Augen	Göz korneası	Teile der Sehnen	Tendon

Bundeszentrale für gesundheitliche Aufklärung

ORGAN SPENDE Die Entscheidung zählt!

Diese Abbildung zeigt einen Organspendeausweis in türkischer Sprache – in der Türkei gilt im Zusammenhang mit der Organspende, wie in vielen anderen Ländern, die Widerspruchslösung.

Kann mein Körper, wenn ich mich für die Organspende entscheide, für wissenschaftliche Zwecke verwendet werden?

Nein, die Organspende hat nichts mit einer Spende Ihres Körpers für wissenschaftliche Zwecke zu tun. Unter wissenschaftlichen Zwecken wird insbesondere verstanden, dass Ihr Körper zu Demonstrationszwecken für angehende Ärzte verwendet wird. Auch dafür gibt es einen hohen Bedarf, allerdings ist das sicherlich für die meisten Menschen eine eher unangenehme Vorstellung. Wenn Sie eine Spende Ihres Körpers für wissenschaftliche Zwecke wünschen, treffen Sie eine Vereinbarung direkt mit einer entsprechenden Universität. Ein gewisser Vorteil besteht darin, dass Sie sich die Kosten für Ihre Bestattung sparen – die Bestattung erfolgt allerdings oft erst zwei Jahre nach Ihrem Tod. Wenn Sie das in Erwägung ziehen, sollten Sie es in jedem Fall ausführlich mit Ihren engsten Angehörigen besprechen.

4

Pflegeverfügung:

für den Fall, dass Sie einmal pflegebedürftig werden

Zusätzlich zu Ihrer Patientenverfügung empfehle ich Ihnen, auch eine Pflegeverfügung zu erstellen. Diese ist zwar rechtlich nicht bindend, kann aber Ihren Angehörigen und dem Pflegepersonal wertvolle Hinweise über Ihre Wünsche liefern, sollten Sie einmal pflegebedürftig werden und diese Wünsche nicht mehr äußern können.

Natürlich wünscht sich niemand, einmal pflegebedürftig – also auf die Hilfe anderer Personen angewiesen – zu sein. Doch die Statistik spricht eine klare Sprache: Die Zahl der Pflegebedürftigen wächst von Jahr zu Jahr rasant an. Waren im Jahr 1999 noch rund 2 Millionen in Deutschland pflegebedürftig, so waren es Ende 2023 bereits 5,7 Millionen. Die Anzahl von Pflegeheimen sowie von ambulanten Pflegediensten liegt jeweils im fünfstelligen Bereich.

Es ist also gut, sich einmal mit dem Gedanken einer möglichen Pflegebedürftigkeit auseinanderzusetzen und die Wünsche hinsichtlich der eigenen Pflege zu Papier zu bringen. Dabei hilft Ihnen dieses Kapitel.

4.1 Die Pflegeverfügung – ein inoffizielles Dokument

Zwar gab es in der Vergangenheit verschiedene Vorstöße diverser Institutionen, das Thema Pflegeverfügung – ähnlich wie zum Beispiel das Thema Patientenverfügung – in das Bürgerliche Gesetzbuch aufzunehmen. Dies ist aber bislang nicht erfolgt, und es ist auch fraglich, ob es jemals erfolgen kann.

In Deutschland herrscht schon länger eine Art Pflegenotstand. Die Bevölkerung altert zunehmend, und damit wächst auch die Anzahl der Pflegebedürftigen. Das Durchschnittsalter in Deutschland liegt bereits bei rund 45 Jahren, die durchschnittliche Lebenserwartung war zuletzt leicht gesunken, liegt für Frauen aber inzwischen wieder über 83 Jahre und für Männer bei knapp 79 Jahren. Gleichzeitig bekommen die Deutschen immer weniger Kinder. Ein ähnliches Bild lässt sich in den anderen europäischen Industrienationen zeichnen. Dieser Umstand führt zu dem sich verschärfenden Problem, dass deutlich mehr Pflegekräfte benötigt werden, als zur Verfügung stehen.

Ich habe während meines Erststudiums in Tübingen selbst nebenbei als Altenpflegehelfer auf einer Demenzstation gearbeitet. Die Arbeit war damals eng getaktet, dennoch waren wir als Personal stets bemüht, die Bewohner der Station gut zu pflegen und zu unterhalten. Ich denke, das ist uns auch gelungen. Aber was es nur sehr selten gab, das war freie Zeit, um sich den Bewohnern auch über das Notwendige hinaus zu widmen.

Die Frage ist deshalb: Inwieweit können individuelle Wünsche rund um die Pflege tatsächlich berücksichtigt werden? Wenn Sie darangehen, eine Pflegeverfügung zu erstellen, sollten Sie die Situation der Pflegekräfte in jedem Fall im Blick behalten. Ein Wunsch wie »jemand soll mir jeden Tag zwei Stunden auf dem Akkordeon vorspielen« könnte sich als unrealistisch erweisen.

Hingegen können Sie sicher sein, dass realistische Wünsche nach bestem Wissen und Gewissen berücksichtigt werden. Das Pflegepersonal wird in vielen Fällen sogar für Anregungen dankbar sein und in Ihrem Zimmer beispielsweise keine Schlagermusik laufen lassen, wenn Sie auf die Beatles stehen. Und Ihnen keinen Kaffee einflößen, wenn Sie reiner Teetrinker sind.

Kein Mensch möchte pflegebedürftig werden – doch Sie sollten auch für einen solchen Fall vorsorgen.

4.2 Wichtige Fragen und Antworten zur Pflegeverfügung

Eine Pflegeverfügung ist, wie bereits erwähnt, kein »offizielles« Dokument, sondern eine Hilfestellung für andere Personen, und zwar besonders für den Fall, dass Sie sich nicht mehr selbst zu Ihren Pflegewünschen äußern können. Aber auch, wenn Sie im Pflegefall noch alle Sinne beisammenhaben, kann eine gut strukturierte Pflegeverfügung als Grundlage für die Kommunikation mit den Pflegekräften dienen und diesen ihre Entscheidungen erleichtern. Auf den nächsten Seiten beantworte ich noch einige Fragen zum Thema Pflegeverfügung, bevor Sie eine solche mit dem beigefügten Formular selbst erstellen können. Die Überschrift zu einem Abschnitt stellt jeweils eine Frage, die im zugehörigen Text beantwortet wird.

Ab wann gelte ich eigentlich als »Pflegefall«?

Nun, das Wort »Pflegefall« verursacht erst mal unangenehme Empfindungen. Es bedeutet, dass man bestimmte Dinge im Alltag nicht mehr selbst verrichten kann und deshalb Hilfe benötigt. Definiert wird die Pflegebedürftigkeit im elften Sozialgesetzbuch (§ 14 SGB XI und § 15 SGB XI), wobei es im Paragrafen 14 um die eigentliche Definition der Pflegebedürftigkeit geht, während im Paragrafen 15 der Grad der Pflegebedürftigkeit bestimmt wird. Dies ist der erste Absatz des Paragrafen 14 mit der Definition von Pflegebedürftigkeit:

§

(1) Pflegebedürftig im Sinne dieses Buches sind Personen, die gesundheitlich bedingte Beeinträchtigungen der Selbständigkeit oder der Fähigkeiten aufweisen und deshalb der Hilfe durch andere bedürfen. Es muss sich um Personen handeln, die körperliche, kognitive oder psychische Beeinträchtigungen oder gesundheitlich bedingte Belastungen oder Anforderungen nicht selbständig kompensieren oder bewältigen können. Die Pflegebedürftigkeit muss auf Dauer, voraussichtlich für mindestens sechs Monate, und mit mindestens der in § 15 festgelegten Schwere bestehen.

4.2 Wichtige Fragen und Antworten zur Pflegeverfügung

Im zweiten Absatz des Paragrafen 14 werden dann sechs Kategorien mit Beispielen dargestellt, auf die sich die Pflegebedürftigkeit beziehen kann. Da der Absatz recht gut strukturiert ist und auch anschauliche Beispiele liefert, zitiere ich ihn in Gänze:

(2) Maßgeblich für das Vorliegen von gesundheitlich bedingten Beeinträchtigungen der Selbständigkeit oder der Fähigkeiten sind die in den folgenden sechs Bereichen genannten pflegefachlich begründeten Kriterien:

1. Mobilität: Positionswechsel im Bett, Halten einer stabilen Sitzposition, Umsetzen, Fortbewegen innerhalb des Wohnbereichs, Treppensteigen;

2. kognitive und kommunikative Fähigkeiten: Erkennen von Personen aus dem näheren Umfeld, örtliche Orientierung, zeitliche Orientierung, Erinnern an wesentliche Ereignisse oder Beobachtungen, Steuern von mehrschrittigen Alltagshandlungen, Treffen von Entscheidungen im Alltagsleben, Verstehen von Sachverhalten und Informationen, Erkennen von Risiken und Gefahren, Mitteilen von elementaren Bedürfnissen, Verstehen von Aufforderungen, Beteiligen an einem Gespräch;

3. Verhaltensweisen und psychische Problemlagen: motorisch geprägte Verhaltensauffälligkeiten, nächtliche Unruhe, selbstschädigendes und autoaggressives Verhalten, Beschädigen von Gegenständen, physisch aggressives Verhalten gegenüber anderen Personen, verbale Aggression, andere pflegerelevante vokale Auffälligkeiten, Abwehr pflegerischer und anderer unterstützender Maßnahmen, Wahnvorstellungen, Ängste, Antriebslosigkeit bei depressiver Stimmungslage, sozial inadäquate Verhaltensweisen, sonstige pflegerelevante inadäquate Handlungen;

4. Selbstversorgung: Waschen des vorderen Oberkörpers, Körperpflege im Bereich des Kopfes, Waschen des Intimbereichs, Duschen und Baden einschließlich Waschen der Haare, An- und Auskleiden des Oberkörpers, An- und Auskleiden des Unterkörpers, mundgerechtes Zubereiten der Nahrung und Eingießen von Getränken, Essen, Trinken, Benutzen einer Toilette oder eines Toilettenstuhls, Bewältigen der Folgen einer

Harninkontinenz und Umgang mit Dauerkatheter und Urostoma, Bewältigen der Folgen einer Stuhlinkontinenz und Umgang mit Stoma, Ernährung parenteral oder über Sonde, Bestehen gravierender Probleme bei der Nahrungsaufnahme bei Kindern bis zu 18 Monaten, die einen außergewöhnlich pflegeintensiven Hilfebedarf auslösen;

5. Bewältigung von und selbständiger Umgang mit krankheits- oder therapiebedingten Anforderungen und Belastungen:

a) in Bezug auf Medikation, Injektionen, Versorgung intravenöser Zugänge, Absaugen und Sauerstoffgabe, Einreibungen sowie Kälte- und Wärmeanwendungen, Messung und Deutung von Körperzuständen, körpernahe Hilfsmittel,

b) in Bezug auf Verbandswechsel und Wundversorgung, Versorgung mit Stoma, regelmäßige Einmalkatheterisierung und Nutzung von Abführmethoden, Therapiemaßnahmen in häuslicher Umgebung,

c) in Bezug auf zeit- und technikintensive Maßnahmen in häuslicher Umgebung, Arztbesuche, Besuche anderer medizinischer oder therapeutischer Einrichtungen, zeitlich ausgedehnte Besuche medizinischer oder therapeutischer Einrichtungen, Besuch von Einrichtungen zur Frühförderung bei Kindern sowie

d) in Bezug auf das Einhalten einer Diät oder anderer krankheits- oder therapiebedingter Verhaltensvorschriften;

6. Gestaltung des Alltagslebens und sozialer Kontakte: Gestaltung des Tagesablaufs und Anpassung an Veränderungen, Ruhen und Schlafen, Sichbeschäftigen, Vornehmen von in die Zukunft gerichteten Planungen, Interaktion mit Personen im direkten Kontakt, Kontaktpflege zu Personen außerhalb des direkten Umfelds.

Ein Pflegefall kann man also, dem Gesetz entsprechend, relativ schnell werden, nämlich dann, wenn man in einer oder mehreren der genannten Kategorien über einen Zeitraum von mindestens sechs Monaten dauerhaft Hilfe benötigt.

Dass eine Pflegebedürftigkeit mit großen Veränderungen des eigenen Lebens und Lebenswandels einhergeht, ist klar. Und dass Pflegebedürftigkeit hauptsächlich ältere Menschen betrifft, ebenso. Die gute Nachricht ist aber, dass – so beweist es die Glücksforschung – Menschen im Alter glücklicher werden, und zwar trotz verschiedener Einschränkungen, die sich im Alter auftun können.

Wie wird der Grad der Pflegebedürftigkeit bestimmt?

Die Pflegebedürftigkeit einer Person wird mit einem Punktesystem ermittelt, das im Paragrafen 15 des oben genannten Gesetzbuches festgelegt ist. Auch dieser Paragraf ist für einen Gesetzestext recht verständlich formuliert, sodass ich Ihnen hier die ersten drei Absätze des Paragrafen zitieren kann, in denen die Ermittlung des Pflegegrads vorgestellt wird. Es gibt noch vier weitere Absätze, die sich auf besondere Bedarfskonstellationen sowie Kinder beziehen. Der besseren Übersicht halber lasse ich diese letzten vier Absätze weg. So also wird der Pflegegrad ermittelt:

§

(1) Pflegebedürftige erhalten nach der Schwere der Beeinträchtigungen der Selbständigkeit oder der Fähigkeiten einen Grad der Pflegebedürftigkeit (Pflegegrad). Der Pflegegrad wird mit Hilfe eines pflegefachlich begründeten Begutachtungsinstruments ermittelt.

(2) Das Begutachtungsinstrument ist in sechs Module gegliedert, die den sechs Bereichen in § 14 Absatz 2 entsprechen. In jedem Modul sind für die in den Bereichen genannten Kriterien die in Anlage 1 dargestellten Kategorien vorgesehen. Die Kategorien stellen die in ihnen zum Ausdruck kommenden verschiedenen Schweregrade der Beeinträchtigungen der Selbständigkeit oder der Fähigkeiten dar. Den Kategorien werden in Bezug auf die einzelnen Kriterien pflegefachlich fundierte Einzelpunkte zugeordnet, die aus Anlage 1 ersichtlich sind. In jedem Modul werden die jeweils erreichbaren Summen aus Einzelpunkten nach den in Anlage 2 festgelegten Punktbereichen gegliedert. Die Summen der Punkte werden nach den in ihnen zum Ausdruck kommenden Schweregraden der Beeinträchtigungen der Selbständigkeit oder der Fähigkeiten wie folgt bezeichnet:

1. Punktbereich 0: keine Beeinträchtigungen der Selbständigkeit oder der Fähigkeiten,

2. Punktbereich 1: geringe Beeinträchtigungen der Selbständigkeit oder der Fähigkeiten,

3. Punktbereich 2: erhebliche Beeinträchtigungen der Selbständigkeit oder der Fähigkeiten,

4. Punktbereich 3: schwere Beeinträchtigungen der Selbständigkeit oder der Fähigkeiten und

5. Punktbereich 4: schwerste Beeinträchtigungen der Selbständigkeit oder der Fähigkeiten.

Jedem Punktbereich in einem Modul werden unter Berücksichtigung der in ihm zum Ausdruck kommenden Schwere der Beeinträchtigungen der Selbständigkeit oder der Fähigkeiten sowie der folgenden Gewichtung der Module die in Anlage 2 festgelegten, gewichteten Punkte zugeordnet. Die Module des Begutachtungsinstruments werden wie folgt gewichtet:

1. Mobilität mit 10 Prozent,

2. kognitive und kommunikative Fähigkeiten sowie Verhaltensweisen und psychische Problemlagen zusammen mit 15 Prozent,

3. Selbstversorgung mit 40 Prozent,

4. Bewältigung von und selbständiger Umgang mit krankheits- oder therapiebedingten Anforderungen und Belastungen mit 20 Prozent,

5. Gestaltung des Alltagslebens und sozialer Kontakte mit 15 Prozent.

(3) Zur Ermittlung des Pflegegrades sind die bei der Begutachtung festgestellten Einzelpunkte in jedem Modul zu addieren und dem in Anlage 2 festgelegten Punktbereich sowie den sich daraus ergebenden gewichteten Punkten zuzuordnen. Den Modulen 2 und 3 ist ein gemeinsamer gewichteter Punkt zuzuordnen, der aus den höchsten gewichteten Punkten entweder des Moduls 2 oder des Moduls 3 besteht. Aus den gewichteten Punkten aller Module sind durch Addition die Gesamtpunkte zu bilden. Auf der Basis der erreichten Gesamtpunkte sind pflegebedürftige Personen in einen der nachfolgenden Pflegegrade einzuordnen:

1. ab 12,5 bis unter 27 Gesamtpunkten in den Pflegegrad 1: geringe Beeinträchtigungen der Selbständigkeit oder der Fähigkeiten,

2. ab 27 bis unter 47,5 Gesamtpunkten in den Pflegegrad 2: erhebliche Beeinträchtigungen der Selbständigkeit oder der Fähigkeiten,

3. ab 47,5 bis unter 70 Gesamtpunkten in den Pflegegrad 3: schwere Beeinträchtigungen der Selbständigkeit oder der Fähigkeiten,

4. ab 70 bis unter 90 Gesamtpunkten in den Pflegegrad 4: schwerste Beeinträchtigungen der Selbständigkeit oder der Fähigkeiten,

5. ab 90 bis 100 Gesamtpunkten in den Pflegegrad 5: schwerste Beeinträchtigungen der Selbständigkeit oder der Fähigkeiten mit besonderen Anforderungen an die pflegerische Versorgung.

Ein besonderes Augenmerk verdient die Gewichtung der einzelnen Kategorien in Absatz 2. Während hier Mobilität bei der Ermittlung des Pflegegrads lediglich ein Gewicht von 10 % erhält, sind es bei der Selbstversorgung 40 %. Der ermittelte Pflegegrad einer Person wirkt sich finanziell aus: Je höher der Pflegegrad ist, desto höher sind die Leistungen der Pflegeversicherung.

4.2 Wichtige Fragen und Antworten zur Pflegeverfügung

Kann ich zu Hause gepflegt werden oder muss ich in ein Pflegeheim?

Wohl die meisten Menschen würden es bevorzugen, auch dann daheim wohnen bleiben zu können, wenn sie pflegebedürftig werden. Das ist in vielen Fällen grundsätzlich möglich und sogar gewünscht, da die Pflegeheime aus allen Nähten platzen. Vom Bundesministerium für Gesundheit werden auf einer Website alle Informationen zu diesem Thema angeboten – von finanziellen Leistungen bis hin zu Pflegekursen für Angehörige. Dies ist die Webadresse: www.bundesgesundheitsministerium.de/pflege-zu-hause.html.

Sie können in Ihrer Pflegeverfügung in jedem Fall den Wunsch äußern, zu Hause gepflegt zu werden. Ob es aber tatsächlich dazu kommt, hängt von verschiedenen Faktoren ab. Würde ein ambulanter Pflegedienst ausreichen? Gäbe es Angehörige, die sich um Sie kümmern? Und eine Frage, die sich anschließt: Würden Sie einem Angehörigen überhaupt zumuten wollen, Sie womöglich rund um die Uhr pflegen zu müssen?

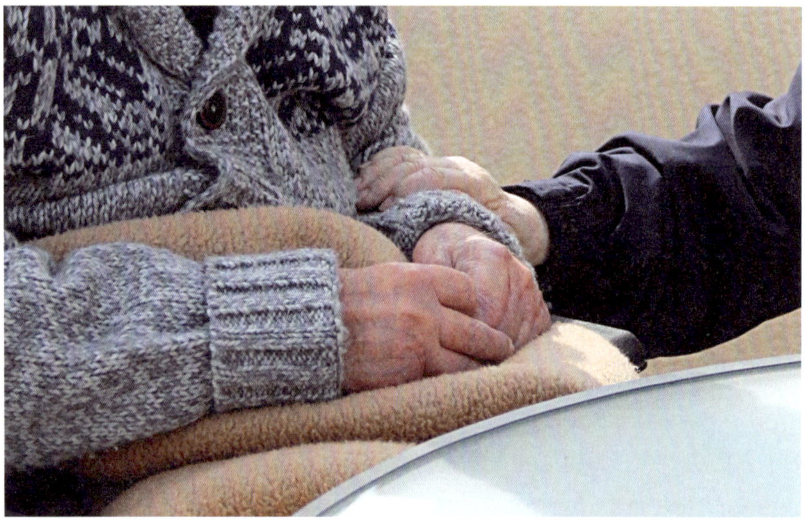

Das Thema Pflegebedürftigkeit belastet in der Regel nicht nur den »Pflegefall«, sondern auch die nahen Angehörigen.

Sind im Pflegeheim Haustiere erlaubt?

Es gibt Pflegeheime, in denen Haustiere erlaubt sind, sodass Sie zum Beispiel Ihre Wellensittiche mitnehmen könnten. Es ist aber unbedingt erforderlich, sich vorher zu erkundigen – denn in vielen Pflegeheimen sind keine Haustiere gestattet. Auf keinen Fall dürfen Haustiere mitgebracht werden, die andere Bewohner stören könnten. Bevor Sie ein Tier mit ins Pflegeheim nehmen, sollten Sie sich zudem überlegen, ob das auch für das Tier wirklich das Beste wäre.

Wer zahlt für meine Pflege?

Für die Pflege, etwa in einem Pflegeheim, kommen Sie – zusätzlich zu den Leistungen aus der Pflegeversicherung – selbst auf, d. h., Sie bringen Ihr eigenes Einkommen und Ihr eigenes Vermögen ein. Dabei bleibt ein Schonbetrag von 5.000 Euro unberücksichtigt, ebenso das eigene Haus oder die Eigentumswohnung, wenn Sie solches selbst bewohnen. Reicht Ihr Einkommen bzw. Vermögen nicht aus, trägt das Sozialamt den Rest. In bestimmten Fällen können in Deutschland aber auch die Kinder für den Elternunterhalt herangezogen werden, jedoch seit dem 1. Januar 2020 nur noch dann, wenn ein Kind ein Bruttoeinkommen von 100.000 Euro oder mehr pro Jahr hat.

Die gute Nachricht ist also, dass in Deutschland jeder, unabhängig von seinem Einkommen oder Vermögen, fachgerecht gepflegt wird. Ob Sie sich gegebenenfalls den Einzelzimmerzuschlag in einem Pflegeheim oder die Rätselzeitschrift am Kiosk des Heims leisten könnten, steht auf einem anderen Blatt.

An wen richtet sich meine Pflegeverfügung?

Für die Pflegeverfügung gilt Ähnliches wie für die Patientenverfügung. Sie ist in erster Linie für das Pflegepersonal bestimmt, das Sie mit den gegebenen Mitteln so gut wie möglich pflegen möchte. Aber auch Ihren Angehörigen kann eine Pflegeverfügung Anhaltspunkte liefern, wenn es darum geht, schwerwiegende Entscheidungen über Ihre Pflege zu treffen.

Muss die Pflegeverfügung eine bestimmte Form haben?

Da eine Pflegeverfügung ein inoffizielles Dokument ist, gibt es keine vorgeschriebenen Anforderungen die Form oder den Inhalt betreffend. Sie sollten jedoch darauf achten, dem Pflegepersonal Ihre Wünsche möglichst übersichtlich mitzuteilen, da dieses in der Regel – wie bereits angeklungen ist – fast ständig unter erheblichem Zeitdruck steht. Mit dem Formular, das Sie im Formularteil am Ende des Buches finden, können Sie Ihre Pflegeverfügung schnell, einfach und übersichtlich erstellen.

Wie Sie in dem Formular feststellen werden, bieten sich Ihnen zahlreiche Möglichkeiten für eigene Formulierungen. Dies ist aufgrund der vielen verschiedenen individuellen Möglichkeiten erforderlich, etwa Ihre Hobbys oder Ernährungsvorlieben betreffend. Nur ein Beispiel: Im Zusammenhang mit Ihrer Ernährung können Sie etwa unterbringen, dass Sie kein oder nur wenig Fleisch essen, dass Sie bestimmte Nahrungsmittel nicht vertragen, zu welchen Zeiten Sie Ihre Nahrung normalerweise zu sich nehmen oder ob Sie zum Nachmittagskaffee ein Stück Kuchen essen wollen. Stellen Sie sich einmal Ihren Alltag im Fall einer Pflegebedürftigkeit vor und schreiben Sie nieder, was Sie sich in den entsprechenden Bereichen des Lebens wünschen.

5

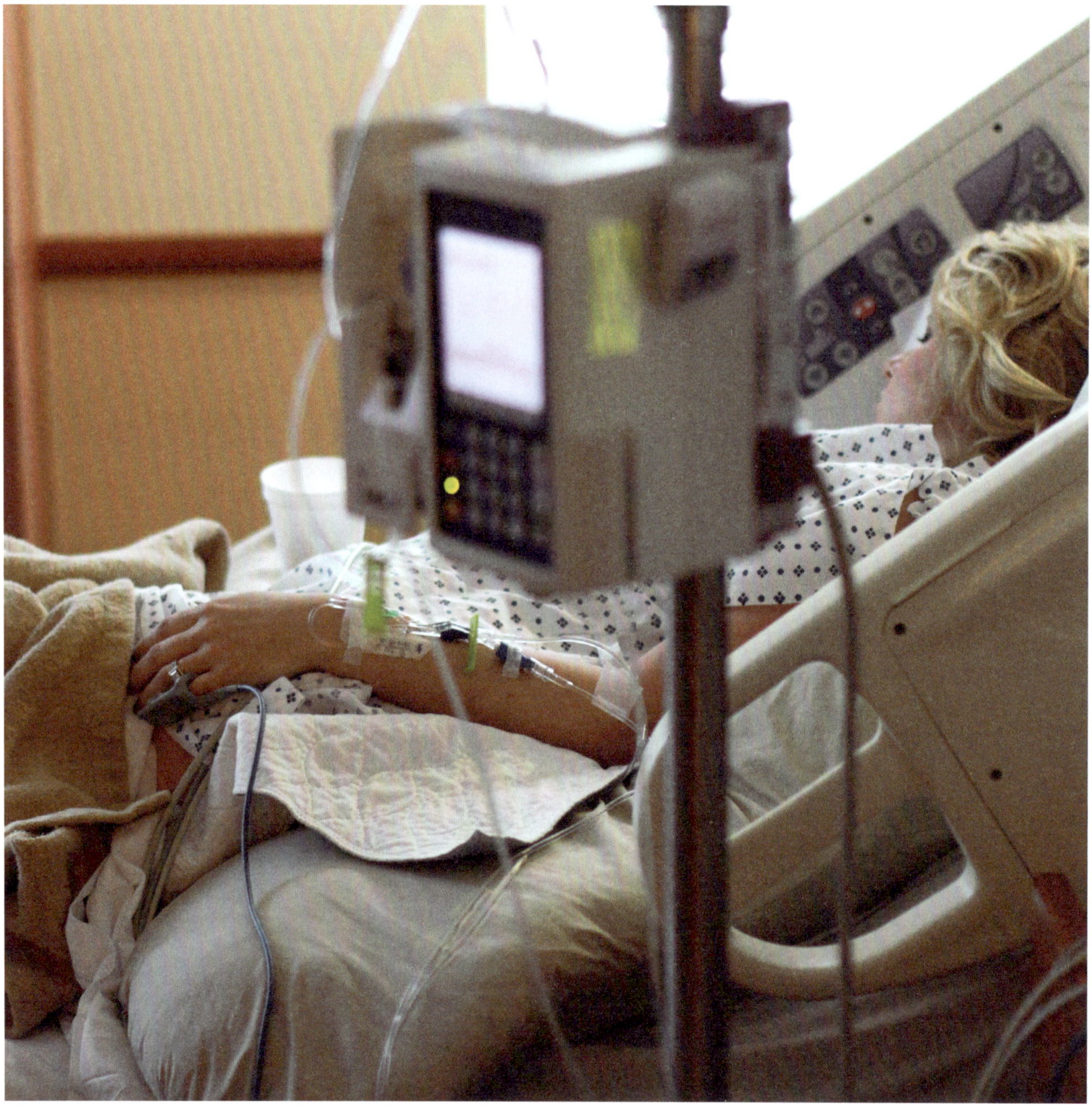

Verantwortung übertragen:

Betreuungsverfügung vs. Vorsorgevollmacht

Das Thema Vorsorge konfrontiert uns mit einem Gefühl der Machtlosigkeit, da es sich auf Situationen bezieht, in denen wir unsere eigenen Angelegenheiten nicht mehr selbst regeln können. Vielleicht stehen wir mitten im Leben, sind starke Persönlichkeiten. Doch nun sollen wir uns vorstellen, dass wir vielleicht nicht einmal mehr imstande sein könnten, Entscheidungen bezüglich unserer Pflege zu artikulieren oder eine Überweisung zu tätigen?

Auch wenn diese Vorstellung schwer sein mag, sie ist notwendig. Denn wenn Sie keinen Betreuer bzw. Bevollmächtigten bestimmen, wird es für Ihre Angehörigen sehr kompliziert, sich um Ihre Belange zu kümmern. Gegebenenfalls wird ein gesetzlicher Betreuer von einem Betreuungsgericht eingesetzt – aber trifft das Gericht die gleiche Wahl, die Sie selbst getroffen hätten?

Eine am 1. Januar 2023 in Kraft getretene Reform des Betreuungsrechts schafft diesbezüglich zumindest für Ehegatten ein wenig organisatorische Erleichterung: Das in § 1358 BGB geregelte Ehegattennotvertretungsrecht sieht vor, dass im Notfall ein Ehegatte für den anderen über Gesundheitsbelange entscheiden darf, also z.B. über Heilbehandlungen, Krankenhausverträge usw. Das Ehegattennotvertretungsrecht ist allerdings auf sechs Monate begrenzt und bezieht sich nur auf die Vertretung in Gesundheitsbelangen. Voraussetzung ist, dass die Ehegatten nicht getrennt leben. Wenn Sie keine Vertretung durch den Ehegatten wünschen, können Sie dem Ehegattennotvertretungsrecht formlos widersprechen bzw. eine andere bevollmächtigte Person bestimmen, wie es Ihnen in diesem Kapitel gezeigt wird.

Die am 1. Januar 2023 in Kraft getretene Reform des Betreuungsrechts soll außerdem für mehr Selbstbestimmung der betreuten Person sowie für eine bessere Qualität der rechtlichen Betreuung sorgen. Ein Betreuer darf demnach grundsätzlich nur dann bestellt werden, wenn dies tatsächlich erforderlich ist. Die betreuende Person hat dafür zu sorgen, dass die betreute Person ihr Leben nach Möglichkeit gemäß den eigenen Wünschen gestalten kann. Die Anforderungen an berufliche Betreuer sind zudem gewachsen: Diese müssen sich nun bei der zuständigen Betreuungsbehörde registrieren, eine Berufshaftpflichtversicherung abschließen und umfangreiche Sachkundenachweise erbringen. Es gelten hierbei aber Übergangsvorschriften für Betreuer, die schon vor dem 1. Januar 2023 Betreuungen durchgeführt haben.

In diesem Kapitel geht es darum, einen Betreuer bzw. Bevollmächtigten zu finden und zu bestimmen, der dann Entscheidungen für Sie trifft, wenn Sie dies nicht mehr selbst tun können. Einem Bevollmächtigten können Sie weitreichende Befugnisse erteilen und ihm z.B. auch den Zugriff auf Ihr Bankkonto ermöglichen. Doch klären wir zunächst einmal den Unterschied zwischen einer betreuenden und einer bevollmächtigten Person.

5.1 Betreuungsverfügung und Vorsorgevollmacht: ein großer Unterschied

Befinden Sie sich in einem Zustand, in dem Sie Ihre Angelegenheiten nicht mehr selbst regeln können – beispielsweise aufgrund einer fortgeschrittenen Demenz –, muss jemand anders die anfallenden Aufgaben erledigen. Das reicht von Ihrer Unterbringung und Behandlung bis hin zu alltäglichen Dingen wie Geldangelegenheiten oder das Annehmen Ihrer Post und Telefonanrufe. Sie können sich vorstellen, dass in diesem Zusammenhang einiges an Arbeit anfällt. Wer also soll diese Dinge erledigen?

Infrage kommt ein Betreuer oder ein Bevollmächtigter. Während der Betreuer vom Gericht bestimmt wird – wobei aber die Wünsche der betreuten Person zu berücksichtigen sind –, setzen Sie den Bevollmächtigten selbst ein und statten ihn mit allen benötigten Vollmachten aus.

Würden Sie weder eine Betreuungsverfügung noch eine Vorsorgevollmacht erstellen, so würde ein Betreuer gerichtlich ausgewählt werden. Bei dem Betreuer könnte es sich dann entweder um einen Angehörigen handeln oder um einen Ihnen völlig fremden Berufsbetreuer.

Das ist der Betreuer

Der Betreuer hat keine Vollmacht. Er wird vom Gericht kontrolliert, und Entscheidungen, die der Betreuer für die zu betreuende Person trifft, müssen vom Gericht genehmigt werden. Dies würde auch für einen Angehörigen gelten, den Sie als Betreuer vorschlagen – und das würden Sie Ihrem Ehepartner oder Ihrer ältesten Tochter doch sicher nur im Notfall zumuten wollen. Eine Betreuung ist also in gewissem Sinne ein Bürokratiemonstrum. Andererseits sind die gerichtlichen Entscheidungen natürlich in erster Linie dazu da, Ihre Interessen zu wahren.

Auch das Thema der Betreuuung wird im Bürgerlichen Gesetzbuch geregelt. In diesem Zusammenhang seien die Absätze 2 bis 4 des BGB-Paragrafen 1816 zitiert, in denen es um die gerichtliche Bestellung eines Betreuers geht.

Als Betreuer kommt also zunächst eine von Ihnen in einer Betreuungsverfügung vorgeschlagene Person infrage. Schlagen Sie keine Person vor, wird zunächst in Ihrem persönlichen Umfeld geschaut, wer die Aufgabe eines Betreuers übernehmen könnte. Nur wenn sich keine geeignete Person findet, wird ein anderer ehrenamtlicher Betreuer oder schließlich ein Berufsbetreuer eingesetzt.

§

(2) Wünscht der Volljährige eine Person als Betreuer, so ist diesem Wunsch zu entsprechen, es sei denn, die gewünschte Person ist zur Führung der Betreuung nach Absatz 1 nicht geeignet. Lehnt der Volljährige eine bestimmte Person als Betreuer ab, so ist diesem Wunsch zu entsprechen, es sei denn, die Ablehnung bezieht sich nicht auf die Person des Betreuers, sondern auf die Bestellung eines Betreuers als solche. Die Sätze 1 und 2 gelten auch für Wünsche, die der Volljährige vor Einleitung des Betreuungsverfahrens geäußert hat, es sei denn, dass er an diesen erkennbar nicht festhalten will. Wer von der Einleitung eines Verfahrens über die Bestellung eines Betreuers für einen Volljährigen Kenntnis erlangt und ein Dokument besitzt, in dem der Volljährige für den Fall, dass für ihn ein Betreuer bestellt werden muss, Wünsche zur Auswahl des Betreuers oder zur Wahrnehmung der Betreuung geäußert hat (Betreuungsverfügung), hat die Betreuungsverfügung dem Betreuungsgericht zu übermitteln.

(3) Schlägt der Volljährige niemanden vor, der zum Betreuer bestellt werden kann, oder ist die gewünschte Person nicht geeignet, so sind bei der Auswahl des Betreuers die familiären Beziehungen des Volljährigen, insbesondere zum Ehegatten, zu Eltern und zu Kindern, seine persönlichen Bindungen sowie die Gefahr von Interessenkonflikten zu berücksichtigen.

(4) Eine Person, die keine familiäre Beziehung oder persönliche Bindung zu dem Volljährigen hat, soll nur dann zum ehrenamtlichen Betreuer bestellt werden, wenn sie mit einem nach § 14 des Betreuungsorganisationsgesetzes anerkannten Betreuungsverein oder mit der zuständigen Behörde eine Vereinbarung über eine Begleitung und Unterstützung gemäß § 15 Absatz 1 Satz 1 Nummer 4 oder § 5 Absatz 2 Satz 3 des Betreuungsorganisationsgesetzes geschlossen hat.

Vollständige Paragrafen selbst nachlesen

In diesem Buch alle relevanten Paragrafen vollständig zu zitieren, würde den Rahmen sprengen. Sie können die vollständigen Gesetzestexte aber kostenlos im Internet aufrufen, und zwar unter www.gesetze-im-internet.de. Dort bietet das Ministerium für Justiz und Verbraucherschutz Links zu sämtlichen Gesetzen und Verordnungen. Wenn Sie tiefer in die etwas trockene rechtliche Materie einsteigen möchten, ist die genannte Webadresse eine sehr gute Anlaufstelle.

5.1 Betreuungsverfügung und Vorsorgevollmacht:

ein großer Unterschied

Ein Betreuer kann nicht nach seinem Gutdünken walten, sondern er muss sich – sofern dies möglich ist – mit der betreuten Person abstimmen und, wie bereits erwähnt, bestimmte Entscheidungen gerichtlich absegnen lassen. Über die Pflichten eines Betreuers geben insbesondere die ersten drei Absätze des BGB-Paragrafen 1821 Auskunft:

§

(1) Der Betreuer nimmt alle Tätigkeiten vor, die erforderlich sind, um die Angelegenheiten des Betreuten rechtlich zu besorgen. Er unterstützt den Betreuten dabei, seine Angelegenheiten rechtlich selbst zu besorgen, und macht von seiner Vertretungsmacht nach § 1823 nur Gebrauch, soweit dies erforderlich ist.

(2) Der Betreuer hat die Angelegenheiten des Betreuten so zu besorgen, dass dieser im Rahmen seiner Möglichkeiten sein Leben nach seinen Wünschen gestalten kann. Hierzu hat der Betreuer die Wünsche des Betreuten festzustellen. Diesen hat der Betreuer vorbehaltlich des Absatzes 3 zu entsprechen und den Betreuten bei deren Umsetzung rechtlich zu unterstützen. Dies gilt auch für die Wünsche, die der Betreute vor der Bestellung des Betreuers geäußert hat, es sei denn, dass er an diesen Wünschen erkennbar nicht festhalten will.

(3) Den Wünschen des Betreuten hat der Betreuer nicht zu entsprechen, soweit
1. die Person des Betreuten oder dessen Vermögen hierdurch erheblich gefährdet würde und der Betreute diese Gefahr aufgrund seiner Krankheit oder Behinderung nicht erkennen oder nicht nach dieser Einsicht handeln kann oder
2. dies dem Betreuer nicht zuzumuten ist.

Hier ist besonders wichtig, dass der Betreuer das Wohl der betreuten Person im Blick behalten muss und seinen Wünschen entsprechen muss – mit der Einschränkung, dass dies dem Betreuer zuzumuten ist. Aufgrund des höheren bürokratischen Aufwands ist der Vorschlag eines Betreuers nur die zweite Wahl gegenüber der Vorsorgevollmacht, die Sie gleich näher kennenlernen werden. Ich empfehle Ihnen dennoch, wenn Sie sich für das Erteilen einer Vorsorgevollmacht entscheiden, zusätzlich eine Betreuungsverfügung zu erstellen – nämlich für den möglichen Fall, dass eine bevollmächtigte Person ihre Vollmacht nicht mehr wahrnehmen kann oder will.

Das ist der Bevollmächtigte

Nun zur Vorsorgevollmacht. Statten Sie eine Person mit einer Vollmacht aus, so erteilen Sie dieser Person den Auftrag, in Ihrem Namen zu agieren. Die eine oder andere Vollmacht haben Sie vielleicht auch schon in Ihrem Alltag unterzeichnet, etwa um einen Autohändler das gerade gekaufte Fahrzeug anmelden zu lassen oder um einer Organisation Ihr Stimmrecht bei einer Mitgliederversammlung zu übertragen. Genauso, aber noch viel weitreichender, können Sie eine Vorsorgevollmacht sowie verschiedene zusätzliche Vollmachten erstellen. Die bevollmächtigte Person kann dann in den entsprechenden Belangen so entscheiden, als ob sie die Entscheidung selbst betreffen würde.

Der Vorsorgebevollmächtigte übernimmt in diesem Sinne die Aufgaben eines Betreuers, hat bei der Erfüllung seiner Aufgaben aber mehr Befugnisse als jener – nämlich alle Befugnisse, für die Sie eine Vollmacht erteilen, etwa auch eine Bankvollmacht oder eine Postvollmacht. Im Paragrafen 1814 des Bürgerlichen Gesetzbuches und dort im dritten Absatz heißt es dazu:

(3) Ein Betreuer darf nur bestellt werden, wenn dies erforderlich ist. Die Bestellung eines Betreuers ist insbesondere nicht erforderlich, soweit die Angelegenheiten des Volljährigen
1. durch einen Bevollmächtigten, der nicht zu den in § 1816 Absatz 6 bezeichneten Personen gehört, gleichermaßen besorgt werden können oder
2. durch andere Hilfen, bei denen kein gesetzlicher Vertreter bestellt wird, erledigt werden können, insbesondere durch solche Unterstützung, die auf sozialen Rechten oder anderen Vorschriften beruht..

Rein vom Praktischen her, aufgrund des deutlich geringeren bürokratischen Aufwands, bietet eine Vorsorgevollmacht gegenüber einer Betreuungsverfügung deutliche Vorteile. Während ein Betreuer immer wieder Genehmigungen vor Gericht einholen muss, kann ein Bevollmächtigter viel freier handeln.

Ein möglicher Nachteil der Vorsorgevollmacht soll in diesem Zusammenhang aber auch nicht verschwiegen werden: Die größere Handlungsfreiheit des Bevollmächtigten bringt es mit sich, dass dieser einer geringeren Kontrolle unterliegt. Noch mehr als für den Betreuer gilt also für den Bevollmächtigten, dass Sie nur eine Person bestimmen sollten, der Sie absolut vertrauen. Zur Auswahl eines Betreuers bzw. Bevollmächtigten aber gleich noch mehr.

5.2 Wer kommt als Betreuer bzw. Bevollmächtigter infrage?

Wie gerade geschrieben, ist Vertrauen ein wesentlicher Faktor für die Auswahl eines Betreuers bzw. Bevollmächtigten. Die Person muss eventuell Ihre persönlichen Unterlagen sichten oder auf Ihr Bankkonto zugreifen – das wollen Sie natürlich nicht jedem gestatten, sondern nur vielleicht nahen Verwandten oder engen Freunden. Beschäftigen Sie sich einmal ausgiebig mit der Frage, wer da überhaupt in die engere Auswahl käme.

Außer der Vertrauenswürdigkeit gibt es noch zwei weitere wichtige Kriterien für die Auswahl:

- **Kriterium Zeit:** Hätte die betreffende Person Zeit, sich um Ihre Angelegenheiten zu kümmern? Ihr ältester Sohn ist vielleicht vertrauenswürdig, aber könnten Sie ihm zusätzlich zu seiner 60-Stunden-Arbeitswoche als Abteilungsleiter eine »Nebentätigkeit« als Betreuer bzw. Bevollmächtigter zumuten? Je nachdem, welche Aufgaben gerade anliegen, kann ein Betreuer bzw. Bevollmächtigter zeitlich ziemlich eingespannt werden.

- **Kriterium Kompetenz:** Hat die betreffende Person die notwendige Kompetenz, um Ihre Angelegenheiten sachgerecht regeln zu können? Hat sie also die entsprechende Intelligenz und Erfahrung im Umgang mit den Dingen, die zu erledigen sind? Hat die Person die Fähigkeit, sich einen Überblick über Ihre Angelegenheiten zu verschaffen? Wem trauen Sie das zu?

Nun kommt aber auch noch ein weiteres Kriterium hinzu: Die Person Ihrer Wahl muss auch dazu bereit sein, die Aufgabe eines Betreuers bzw. Bevollmächtigten zu übernehmen. Wenn Sie eine bestimmte Person im Auge haben, sollten Sie mit dieser ein ruhiges Gespräch anberaumen und bei einem Gläschen Rotwein alles in Ruhe besprechen.

Wichtig: Das Gespräch mit einem potenziellen Betreuer bzw. Bevollmächtigten sollte keine Verkaufsveranstaltung werden. Die Person sollte sich nicht dazu gedrängt fühlen, diese Rolle zu übernehmen. Teilen Sie der betreffenden Person in jedem Fall mit, dass einen Betreuer bzw. Bevollmächtigten teils anspruchsvolle und zeitaufwendige Aufgaben erwarten. Geben Sie der Person Ihrer Wahl unbedingt ein paar Tage Bedenkzeit und erklären Sie Ihr Verständnis, falls sie sich gegen die Übernahme der Aufgabe entscheidet.

Je nachdem, wie es um Ihre Finanzen bestellt ist, könnten Sie Ihrem Betreuer bzw. Bevollmächtigten eine Aufwandsentschädigung zukommen lassen ab dem Zeitpunkt, an dem der Betreuer bzw. Bevollmächtigte als solcher auftritt. Oder Sie schließen die Person testamentarisch in Ihr Erbe ein.

Wie gesagt: Die Rolle eines Betreuers oder Bevollmächtigten kann mit viel Arbeit verbunden sein – es spricht nichts dagegen, diese Arbeit zu honorieren.

Staatliche Aufwandsentschädigung für ehrenamtliche Betreuer

Für ehrenamtliche Betreuer besteht die Möglichkeit, den eigenen Aufwand mit der Justizkasse abzurechnen, falls Sie als betreute Person nicht über ein entsprechendes Vermögen verfügen sollten, den Betreuer selbst zu bezahlen. Statt die Posten einzeln abzurechnen, kann auch eine Aufwandspauschale von 449 Euro pro Jahr (ab 01.01.2024) in Anspruch genommen werden. Bis zu 3.000 Euro Aufwandsentschädigung pro Jahr sind bei Redaktionsschluss von der Einkommensteuer befreit.

5.3 Wichtige Fragen und Antworten
zu Betreuungsverfügung & Vorsorgevollmacht

Im Zusammenhang mit einer Betreuungsverfügung oder einer Vorsorgevollmacht kommen noch einige Fragen auf, die ich im Folgenden beantworte. Die Überschrift zu einem Abschnitt stellt jeweils eine Frage, der zugehörige Text gibt die Antwort darauf.

Kann ich auch mehrere Betreuer und Bevollmächtigte einsetzen?

Theoretisch können sich mehrere Betreuer oder Bevollmächtigte um jeweils unterschiedliche Aufgabenkreise kümmern, also etwa der eine um gesundheitliche Dinge, der andere um Ihre Vermögensangelegenheiten usw. Die Frage ist aber zum einen, wie sinnvoll dies ist, da es bei den Aufgabenkreisen Überschneidungen gibt und bei mehreren Betreuern bzw. Bevollmächtigten eine ständige Koordination erforderlich wäre. Zum anderen werden die vertrauenswürdigen und kompetenten Personen, die sich um Ihre Angelegenheiten kümmern sollen und dafür auch noch genügend Zeit haben, vielleicht nicht gerade Schlange stehen. Im Normalfall ist es am sinnvollsten, eine einzige Person mit den verschiedenen Aufgaben zu betrauen.

Was aber durchaus sinnvoll ist: Legen Sie einen Ersatz fest, falls der gewünschte Betreuer oder Bevollmächtigte, wenn der Ernstfall eintritt, diese Aufgabe doch nicht mehr übernehmen kann oder will. In den Formularen, die Ihnen zu diesem Thema angeboten werden, haben Sie die Möglichkeit, einen solchen Ersatz-Betreuer bzw. einen Ersatz-Bevollmächtigten festzulegen.

Können Betreuer und Bevollmächtigter ein und dieselbe Person sein?

Angenommen, Sie statten eine Person nicht mit allen Vollmachten aus, die benötigt würden, um Ihre Angelegenheiten zu regeln, wäre für die anderen Aufgaben weiterhin ein Betreuer erforderlich. Das könnte dieselbe Person sein, die auch als Bevollmächtigter auftritt – allerdings mit dem Unterschied, dass diese dann für bestimmte Dinge, in denen sie keine Vollmacht hat, gerichtliche Entscheidungen einholen müsste. Genauso können Betreuer und Bevollmächtigter aber auch unterschiedliche Personen sein.

Welche Vollmachten Sie im Zusammenhang mit einer Vorsorgevollmacht erteilen, hängt insbesondere davon ab, inwieweit Sie einer Person vertrauen und ihr zutrauen, Ihre Angelegenheiten ganz in Ihrem Sinne zu regeln.

Eine umfassende Vollmacht ist dabei die einfachste, unbürokratischste Variante. Sie setzt allerdings vollstes Vertrauen in den Bevollmächtigten voraus. Teilvollmachten bieten Ihnen hingegen den Vorteil, dass bei bestimmten Fragen – etwa wenn es um Ihr Vermögen geht – das Gericht als Kontrollinstanz zwischengeschaltet ist.

Wie erfährt das Betreuungsgericht von einem vorgeschlagenen Betreuer oder einem Bevollmächtigten?

Über eine Betreuungsverfügung oder Vorsorgevollmacht muss, wenn eine Betreuung notwendig wird, das Betreuungsgericht in Kenntnis gesetzt werden. Das Betreuungsgericht ist eine Abteilung des zuständigen Amtsgerichts. Im Paragrafen 1820 des Bürgerlichen Gesetzbuches heißt es dazu:

(1) Wer von der Einleitung eines Verfahrens über die Bestellung eines Betreuers für einen Volljährigen Kenntnis erlangt und ein Dokument besitzt, in dem der Volljährige eine andere Person mit der Wahrnehmung seiner Angelegenheiten bevollmächtigt hat, hat das Betreuungsgericht hierüber unverzüglich zu unterrichten. Das Betreuungsgericht kann die Vorlage einer Abschrift verlangen.

In Kapitel 10 zeige ich Ihnen noch, wie Sie Ihre Vorsorgeunterlagen am besten aufbewahren, damit diese im Ernstfall sofort gefunden und genutzt werden können. Sowohl eine Betreuungsverfügung als auch eine Vorsorgevollmacht bewahren Sie selbst auf – eine Vollmacht könnte im schlimmsten Fall missbraucht werden, weshalb diese erst bei Bedarf übergeben werden sollte. Wichtig ist natürlich, dass Sie den betreffenden Personen mitteilen, wo sich die entsprechenden Dokumente befinden. Ebenfalls sinnvoll ist die Registrierung im Zentralen Vorsorgeregister, auf das ich ebenfalls in Kapitel 10 näher eingehen werde.

5.3 Wichtige Fragen und Antworten

zu Betreuungsverfügung & Vorsorgevollmacht

Wie macht ein Betreuer bzw. Bevollmächtigter bei den verschiedenen Stellen kenntlich, dass er sich um meine Angelegenheiten kümmert?

Nun, ein Bevollmächtigter ist ja im Besitz der von Ihnen ausgestellten Vollmachten, die er bei Bedarf vorweisen kann. Ein vom Gericht bestellter Betreuer wird hingegen mit einem Betreuerausweis ausgestattet, in dem er als die Sie betreuende Person kenntlich gemacht wird.

Kann ich eine Vorsorgevollmacht widerrufen?

Sie können eine Vollmacht selbstverständlich jederzeit und frei formuliert widerrufen. Richten Sie den Widerruf schriftlich an den Bevollmächtigten – ganz ähnlich, als ob Sie ein Abo kündigen würden. Bitten Sie den Bevollmächtigten gegebenenfalls darum, Ihnen entsprechende Schriftstücke zurückzugeben. Alle entsprechenden Schriftstücke sollten Sie dann vernichten oder zumindest deutlich als nicht mehr gültig kennzeichnen. Wurde eine Vorsorgevollmacht vor einem Notar beurkundet, können Sie die Vollmacht bei diesem ebenfalls jederzeit und in freier Formulierung widerrufen.

Welche Aufgaben muss ein Betreuer oder Bevollmächtigter denn eigentlich übernehmen?

Der Betreuer oder Bevollmächtigte ist dazu da, sich um all Ihre Belange zu kümmern. Dazu gehört zum einen das Thema Pflege, also wo und wie Sie untergebracht werden, ob zu Hause oder in einem Pflegeheim, und wie das Ganze bezahlt werden soll. Außerdem muss er für Sie zum Beispiel über Fragen wie freiheitsentziehende Maßnahmen entscheiden, die Sie bereits im Kapitel zur Pflegeverfügung kennengelernt haben. Er kümmert sich außerdem um Ihre finanziellen Verpflichtungen, gegebenenfalls die Auflösung Ihrer Wohnung. Er spricht mit Ihrer Bank und erledigt Behördengänge. Falls Sie eine Immobilie besitzen, kann er sich – eine von Ihnen erteilte Vollmacht vorausgesetzt – auch um deren Verkauf kümmern. Kurz: Der Betreuer bzw. Bevollmächtigte erledigt für Sie alles, was Sie selbst erledigen müssten, wenn Sie noch dazu imstande wären.

Für eine rechtssichere Vorsorgevollmacht

Eine Vorsorgevollmacht muss keine bestimmte Form haben, jedoch von Ihnen unterschrieben werden. Um für bestimmte Fälle – z. B. wenn der Verkauf von Immobilien einbezogen wird – mehr Rechtssicherheit zu erlangen, können Sie eine Vorsorgevollmacht auch vom Notar beurkunden lassen. Das ist die teuerste Variante, die Kosten hängen von der Höhe Ihres Vermögens ab. Günstiger ist die Beglaubigung Ihrer Unterschrift unter einer selbst aufgesetzten Vorsorgevollmacht. Dafür schlägt in der Regel nur ein zweistelliger Betrag zu Buche. Eine noch kostengünstigere Variante bestünde darin, auf den Notar ganz zu verzichten und sich die Unterschrift bei der örtlichen Betreuungsbehörde öffentlich beglaubigen zu lassen. Bei großem Besitztum empfehle ich in jedem Fall den Gang zum Notar.

Ich habe minderjährige Kinder. Wie kann ich regeln, wer diese betreut, wenn ich dies nicht mehr selbst tun kann?

Die Betreuung Ihrer Kinder regeln Sie mit einer Sorgerechtsvollmacht bzw. mit einer Sorgerechtsverfügung. Eine Sorgerechtsvollmacht gilt zu Ihren Lebzeiten. Sie können damit einer anderen Person das Sorgerecht für Ihre Kinder übertragen, falls es Ihnen nicht möglich sein sollte, dieses selbst auszuüben.

Eine Sorgerechtsverfügung hingegen wird auch als »Elterntestament« bezeichnet. Damit legen Sie fest, wer nach Ihrem Tod das Sorgerecht für Ihre Kinder übernehmen soll. Natürlich gilt auch in diesem Zusammenhang, dass Sie das vorher mit den betreffenden Personen gründlich besprechen sollten.

Zu beachten ist außerdem, dass beim Thema Sorgerecht das Familiengericht das letzte Wort haben wird. Das Sorgerecht können nur Personen übernehmen, die nach Meinung des Familiengerichts dafür geeignet sind.

Eine Sorgerechtsverfügung und Sorgerechtsvollmacht werden in diesem Buch nicht als Formular angeboten. Diese Dokumente sind nur rechtskräftig, wenn Sie diese handschriftlich verfassen und eigenhändig unterschreiben. Bei Alleinerziehenden genügt eine Unterschrift, bei zwei Elternteilen müssen beide Eltern unterschreiben. Alternativ können Sie die Sorgerechtsverfügung bzw. Sorgerechtsvollmacht von einem Notar beurkunden lassen.

Gilt die Vorsorgevollmacht auch im Ausland?

Müssen auch Rechtsgeschäfte im Ausland erledigt werden, kann die deutsche Vorsorgevollmacht hierfür ebenfalls eingesetzt werden. Bei den aktuell 127 Staaten, die am Haager Apostille-Übereinkommen teilnehmen, wird die Vorsorgevollmacht dazu notariell beglaubigt und kann im Anschluss mit einer Apostille, also einer international gültigen Beglaubigung, versehen werden. Wenden Sie sich bei Staaten, die am Haager Apostille-Übereinkommen nicht teilnehmen, an das Konsulat des jeweiligen Landes.

6

Die Erinnerung
ist das einzige Paradies
aus dem wir nicht
vertrieben werden können

Bestattungsverfügung:

Was soll mit Ihrem toten Körper geschehen?

Von einigen Motivationstrainern wird empfohlen, sich seine eigene Bestattung möglichst bildhaft auszumalen und aus dieser Vorstellung Schlüsse darüber zu ziehen, wie man sein heutiges Leben gestalten möchte. Doch um das Thema Motivation soll es in diesem Kapitel nicht gehen.

Tatsächlich kann die Vorstellung der eigenen Bestattung für uns desto unangenehmer werden, je weiter wir dem Ende schon entgegengeschritten sind. Dennoch möchte ich Sie in diesem Kapitel dazu anregen, sich Ihre Bestattung einmal vorzustellen – so wie Sie es sich wünschen. Möchten Sie beerdigt oder verbrannt werden? Und wo: auf dem Friedhof oder in einem Bestattungswald? Soll die Bestattung in einem kleinen Rahmen stattfinden oder wünschen Sie sich eine richtige Sause? Welche Musik soll gespielt werden? Wer soll auf gar keinen Fall eingeladen werden?

In Ihrer Bestattungsverfügung legen Sie alle Ihre Vorstellungen rund um Ihre eigene Bestattung fest, damit in diesem Zusammenhang alles nach Ihren Wünschen abläuft. Die Informationen in diesem Kapitel und das zugehörige Formular werden Ihnen dabei behilflich sein.

Auch über den Tod hinaus haben Sie einiges an Verfügungsgewalt, z. B. mit einer Bestattungsverfügung.

6.1 Warum Sie auch Ihre Bestattung regeln sollten

Die Bestattung ist vielleicht das zweitteuerste »Event« im Lebenszyklus eines Menschen, gleich nach der Hochzeit. Je nach Ihren Anschauungen werden Sie mehr oder eher weniger Augenmerk auf dieses Ereignis richten. Vielleicht denken Sie ja: Wenn Sie tot sind, kann Ihnen das sowieso alles egal sein? Oder wünschen Sie sich, dass die Erinnerung an Sie durch eine schöne Bestattung und ein gepflegtes Grab erhalten bleibt?

Nun, die Frage, ob nach dem Tod noch etwas kommt, kann hier natürlich nicht beantwortet werden. Aber was in jedem Fall bleibt, wenn Sie gehen, das sind Ihre Hinterbliebenen. Wenn Sie sterben, wird es in der Regel nahe Angehörige und Freunde geben, die um Sie trauern.

Mit einer Bestattungsverfügung sorgen Sie dafür, dass Ihre Hinterbliebenen nicht mit schwerwiegenden Entscheidungen belastet werden, etwa ob Sie sich wohl eine Erd- oder Feuerbestattung gewünscht hätten. Diese können sich einfach nach den Vorgaben richten, die Sie in Ihrer Bestattungsverfügung gemacht haben.

Die Bestattungsverfügung bietet den weiteren Vorteil, dass die Hinterbliebenen auf die von Ihnen gewünschte Weise von Ihnen Abschied nehmen können, also zum Beispiel mit Ihrer Lieblingsmusik oder Ihren Lieblingsblumen. Sie können sich denken, dass so ein persönlicher Abschied für Ihre Hinterbliebenen sehr emotionale Erinnerungen mit sich bringen wird, aber ein Stück weit auch bei der Trauerarbeit helfen kann.

In Ihrer Bestattungsverfügung legen Sie möglichst genau fest, wie Sie sich Ihre Bestattung wünschen. Sie ist, wie das Testament, eine letztwillige Verfügung und kann theoretisch Teil eines Testaments sein. Da ein Testament in der Regel erst nach der Bestattung eröffnet wird, sollten Sie die Bestattungsverfügung jedoch gesondert erstellen und aufbewahren.

Eine letztwillige Verfügung muss handschriftlich verfasst oder von einem Notar beurkundet werden, um eine vollständige Rechtsverbindlichkeit zu erlangen. Im Zusammenhang mit einer Bestattungsverfügung erscheint dies jedoch nicht notwendig, da Sie damit ja nur Ihre Bestattungswünsche an Ihre Angehörigen mitteilen. In diesem Buch wird deshalb auch für das Erstellen einer Bestattungsverfügung ein Formular angeboten, das Sie aus diesem Buch heraustrennen und nach Ihren individuellen Wünschen ausfüllen können.

Wichtig ist allerdings, dass Sie sich Ihre Bestattungswünsche auch finanziell leisten können. Möglicherweise könnten Sie den Wunsch haben, dass Ihr Sarg von einer goldenen Kutsche und unter Begleitung eines Posaunenchors zum Friedhof gezogen wird – aber stünde dafür genügend Geld zur Verfügung? Lassen Sie uns gleich wichtige Fragen zu Bestattungskosten, Bestattungsarten usw. klären, bevor Sie darangehen, Ihre ganz persönliche Bestattungsverfügung zu erstellen.

6.2 Wichtige Fragen und Antworten zur Bestattungsverfügung

Im Zusammenhang mit der eigenen Bestattung können eine Menge Fragen auftauchen, die von der finanziellen Seite bis zum Kaffeekränzchen danach reichen. Lassen Sie mich im Folgenden die wichtigsten Fragen zum Thema Bestattungsverfügung beantworten, bevor Sie daran anschließend Ihre eigene Bestattungsverfügung erstellen. Die Überschrift zu einem Abschnitt stellt dabei jeweils eine Frage, die der zugehörige Text beantwortet.

Wie ist der genaue Ablauf vom Versterben bis zur Bestattung?

Wenn Sie sterben, ist für Ihren Körper die Reise noch nicht zu Ende. Zunächst einmal wird ein Arzt hinzugerufen, der Ihren Tod offiziell feststellt und einen Totenschein ausstellt. Sollten Ihre Angehörigen nicht bereits im Sterbeprozess informiert worden sein, um von Ihnen Abschied zu nehmen, geschieht dies jetzt.

Ihre Angehörigen – bzw. die von Ihnen bevollmächtigte Person – sind nun dazu angehalten, Ihre Unterlagen herauszusuchen, unter anderem die Bestattungsverfügung, in der Sie Angaben machen, wie im Zusammenhang mit Ihrer Bestattung weiter verfahren werden soll.

Außerdem erwarten Ihre Angehörigen – bzw. die von Ihnen bevollmächtigte Person – verschiedene organisatorische Aufgaben. Dazu gehört, den Sterbefall beim zuständigen Standesamt zu melden und eine Sterbeurkunde einzuholen. Ihr eventuell vorhandenes Testament muss beim Nachlassgericht (einer Abteilung des zuständigen Amtsgerichts) eingereicht werden. Die Krankenkasse, Versicherungen, Ihr Arbeitgeber bzw. die Rentenkasse sowie Verwandte und Freunde müssen über Ihren Tod informiert werden.

Ihr Körper wird derweil von einem beauftragten Bestattungsinstitut abgeholt und im Leichenhaus – bei Kühlschranktemperaturen – aufgebahrt. Die Bestattung wird organisiert, also zum Beispiel ein Termin vereinbart, eine Todesanzeige aufgegeben und Grabschmuck bestellt.

Im Fall einer Einäscherung sind Trauerfeier und Bestattung zeitlich voneinander getrennt, während diese bei einer Beerdigung in der Regel zum gleichen Termin stattfinden. Die Trauerfeier dient dazu, sich noch einmal Ihr Leben zu vergegenwärtigen und in Würde von Ihnen Abschied zu nehmen.

Im Anschluss an eine Trauerfeier wird die Trauergemeinde oft noch zum gemeinsamen Kaffeetrinken, manchmal auch zu einem Totenmahl eingeladen. Dafür muss dann von Ihren Angehörigen – bzw. der von Ihnen bevollmächtigten Person – rechtzeitig ein entsprechendes Lokal reserviert werden.

Für Ihre Angehörigen ist auch nach der Trauerfeier und Bestattung nicht Schluss. Neben der Trauerarbeit sind weitere organisatorische Tätigkeiten erforderlich wie das Kündigen diverser Verträge, das Abmelden bei der Rentenkasse, bei unterschiedlichen Behörden usw., das Räumen Ihrer Wohnung, das Organisieren der

6.2 Wichtige Fragen und Antworten zur Bestattungsverfügung

Grabpflege und eventuell das Versenden von Danksagungskarten an die Trauergemeinde.

Sie sehen also: Sterben kann hierzulande eine ganz schön komplizierte Angelegenheit sein. Gerade deshalb ist es ja so wichtig, Ihre Angehörigen nicht mit zusätzlichen Entscheidungen zu belasten, sondern vieles bereits mit einer Bestattungsverfügung zu regeln.

Welche Möglichkeiten der Bestattung habe ich?

Als Bestattungsarten haben Sie in erster Linie die Auswahl zwischen einer Erdbestattung (der Beerdigung) und einer Feuerbestattung, also der Einäscherung in einem Krematorium. Zwar gibt es auch noch andere Bestattungsformen wie die Gruftbestattung oder gar die Konservierung Ihres Körpers nach einer Körperspende zu wissenschaftlichen Zwecken, aber diese Bestattungsformen seien hier außen vor gelassen.

Zurück zur Natur: Außer auf Friedhöfen ist in Deutschland die Urnenbeisetzung auch in sogenannten Bestattungswäldern erlaubt.

Während die Beisetzung bei der Erdbestattung im Normalfall in einem Grab auf dem Friedhof erfolgt, bietet sich nach der Einäscherung eine ganze Reihe verschiedener Beisetzungsarten. Zum einen kann die Beisetzung in einem Urnengrab ebenfalls auf dem Friedhof erfolgen. Im Vergleich zu einem Grab für eine Beerdigung spart ein Urnengrab aufgrund der geringeren Fläche Kosten. Außerdem ist die Grabpflege einfacher oder – je nach Grab – sogar überhaupt nicht notwendig. Das Thema Grabpflege kann unter anderem deshalb wichtig sein, da viele Menschen heute aus beruflichen Gründen an andere Orte umziehen müssen – wer kümmert sich dann um das Grab?

Ihre Asche kann aber außer auf dem Friedhof auch an anderen Orten beigesetzt werden. Besonders zu nennen sind in diesem Zusammenhang die Bestattungswälder. In einem solchen Wald wird Ihre Asche in freier Natur beigesetzt. Nur auf Wunsch wird der Beisetzungsort mit einer Namenstafel gekennzeichnet. Diese Beisetzungsvariante ist im Vergleich mit der Beisetzung auf einem Friedhof kostengünstiger, eine Grabpflege ist nicht notwendig.

Neben diesen gängigen Beisetzungsarten gibt es noch einige weitere Beisetzungsarten wie die Seebestattung oder eine Weltraumbestattung. Da in Deutschland generell ein »Friedhofszwang« besteht, sind solche alternativen Beisetzungsvarianten unter Umständen schwerer durchführbar. Die entsprechenden Vorschriften unterscheiden sich von Bundesland zu Bundesland. Mehr Beisetzungsmöglichkeiten gibt es in verschiedenen Nachbarländern wie der Schweiz oder den Niederlanden. Allerdings sollten Sie sich bei Ihren Bestattungswünschen auch immer die Frage stellen, welchen Aufwand Sie Ihren Angehörigen diesbezüglich zumuten möchten.

Der Trend geht klar in Richtung Feuerbestattung

In Deutschland entscheiden sich immer mehr Menschen für eine Feuerbestattung. Lag diese vor rund 30 Jahren noch bei rund einem Drittel, ist der Anteil der Feuerbestattungen bis heute auf über drei Viertel angewachsen, während sich nur noch eine Minderheit der Menschen für eine Erdbestattung entscheidet.

Was kostet eigentlich eine Bestattung mit allem Drum und Dran?

Eine Bestattung umfasst unter anderem die Kosten des Bestattungsinstituts, den Preis für Sarg oder Urne und die Friedhofsgebühren. Der durchschnittliche Deutsche bezahlt hierfür rund 13.000 Euro, die Preise sind in den letzten Jahren rapide gestiegen. Hinzu kommen dann eventuell noch Kosten für die Gestaltung des Grabs und die spätere Grabpflege. Sterben ist hierzulande also nicht nur eine komplizierte, sondern auch eine sehr teure Angelegenheit.

Einen gewissen Einfluss auf die Kosten haben Sie durch die Bestattungswahl. So ist eine Feuerbestattung preisgünstiger als eine Erdbestat-

6.2 Wichtige Fragen und Antworten zur Bestattungsverfügung

tung – auch, was die Folgekosten anbelangt. Auch können günstigere Särge und Urnen gewählt werden, statt eines Leichenschmauses könnte es nach der Trauerfeier nur Kaffee und Kuchen geben. Eine Sparvariante ist also auch möglich. Dennoch wird Ihre Bestattung wohl mindestens einen mittleren vierstelligen Euro-Betrag verschlingen. Bei gehobenen Ansprüchen kann die Bestattung auch schon mal über 30.000 Euro kosten.

Ist eine Sterbegeldversicherung sinnvoll?

Wer hat so viel Pinkepinke? Falls Sie die Befürchtung haben, dass nach Ihrem Tod andere für Ihre Bestattung aufkommen müssten, weil das entsprechende Geld nicht vorhanden ist, könnte eine Sterbegeldversicherung die Lösung sein. Bei einer solchen Versicherung wählen Sie den Betrag, der für Ihre Bestattung zur Verfügung stehen soll, und zahlen dann einen monatlichen Beitrag an die Versicherung. Die Auswahl eines zuverlässigen Versicherungsanbieters vorausgesetzt, kann dies durchaus sinnvoll sein.

Allerdings lässt sich die Sterbegeldversicherung bei den meisten Anbietern nur bis zu einer bestimmten Altersgrenze abschließen. Und: Je älter Sie sind, desto höher sind die monatlichen Beiträge. Lassen Sie sich in diesem Zusammenhang doch einfach einmal von einem oder mehreren Versicherungsmaklern beraten bzw. greifen Sie auf die Angebote der zahlreichen Direktversicherer im Internet zurück.

Eine Alternative zur Sterbegeldversicherung könnte sein, das Geld für die eigene Bestattung selbst anzusparen und zum Beispiel auf einem Sparbuch oder Tagesgeldkonto aufzubewahren. Dazu gehört dann natürlich die Disziplin, nicht auf dieses Geld zuzugreifen, wenn die Waschmaschine kaputtgeht.

Kann ich die Kosten für meine Bestattung bereits zu Lebzeiten begleichen?

Wenn Sie Ihre Bestattung auch finanziell im Voraus regeln möchten, können Sie mit einem Bestattungsinstitut einen Bestattungsvorsorgevertrag abschließen. Die Kosten für Ihre Bestattung könnten Sie dann entweder gleich an das Bestattungsinstitut überweisen. Oder Sie eröffnen für die Bestattungskosten ein Sperrkonto bei Ihrer Bank oder Sparkasse, auf das Sie den für Ihre Bestattung benötigten Betrag einzahlen. Das macht allerdings noch keinen Sinn, wenn Sie erst 40 Jahre alt und kerngesund sind, sondern erst dann, wenn der Tod aufgrund von schwerer Krankheit oder hohem Alter bereits in »Sichtweite« ist.

Ist es üblich, die Kosten unterschiedlicher Bestattungsinstitute zu vergleichen?

So wie die Preise anderer Dienstleistungen können sich auch die Preise für eine Bestattung von Anbieter zu Anbieter unterscheiden. Auf einen Preisvergleich sollten Sie deshalb nicht verzichten. Viele Menschen tun dies aufgrund falsch verstandener Pietät – dies ist mit ein Grund dafür, warum sich die Preisspirale für eine Bestattung immer weiter nach oben bewegt. Entscheidend ist in Sachen Pietät aber nur die Qualität der Bestattung, die das Bestattungsinstitut gewährleistet. Diese kann, muss aber nicht mit den Kosten der Bestattung zusammenhängen. Holen Sie also ruhig Angebote bei mehreren infrage kommenden Bestattungsinstituten ein und stellen Sie Preisvergleiche an.

Bestattungskosten online vergleichen

Inzwischen lassen sich Bestattungskosten sogar im Internet vergleichen. Wenn Sie nach den Begriffen »bestattung preisvergleich« googeln, finden Sie entsprechende Preisvergleichsanbieter. Dieser Weg kann für erste Überschläge der Bestattungskosten durchaus sinnvoll sein. Achten Sie aber darauf, dass Ihre Bestattung zwar kostengünstig ist, aber nicht billig!

Wer trägt die Kosten für die Bestattung, wenn mein eigenes Vermögen nicht ausreicht?

Können Sie die Kosten für die Bestattung nicht selbst bezahlen bzw. steht dafür nach Ihrem Tod kein ausreichendes Vermögen zur Verfügung, werden Ihre gesetzlichen Erben bzw. Angehörigen zur Kasse gebeten. Sind keine zahlungskräftigen Erben oder Angehörigen vorhanden, haben Sie aber immer noch Anspruch auf eine Sozialbestattung – bestattet werden Sie also in jedem Fall.

7

Testament: damit es keine Streitigkeiten über das hinterlassene Vermögen gibt

Mit einem Testament regeln Sie, wer nach Ihrem Ableben Ihr Vermögen oder bestimmte Gegenstände erben soll – oder auch nicht. Sie drücken damit Ihren letzten Willen aus oder – um es in der juristischen Fachsprache zu formulieren – Sie erstellen eine letztwillige Verfügung. Ein Testament ist besonders dann wichtig, wenn Sie ein größeres Vermögen angehäuft haben und bei der Verteilung Ihres Vermögens andere Wünsche haben, als es die gesetzliche Erbfolge vorsieht.

Das Testament ist eine gute Möglichkeit, sich bei den Menschen erkenntlich zu zeigen, die Ihnen im Leben hilfreich und wichtig waren, die aber in der gesetzlichen Erbfolge leer ausgehen oder zu kurz kommen würden. So könnten Sie zum Beispiel dem Kind, das Sie jahrelang pflegt, einen größeren Teil des Erbes zukommen lassen als dem anderen Kind, das Sie nur alle paar Monate besucht. Auch einem Bevollmächtigten, der sich in Ihren letzten Lebensjahren zuverlässig um Ihre Angelegenheiten gekümmert hat, könnten Sie sich in einem Testament dankbar erweisen.

Sehr wichtig kann ein Testament dann sein, wenn Sie mit Ihrem Ehepartner ein Eigenheim bewohnen. Ein Ehepartner ist zunächst nämlich nur Teilerbe und müsste die anderen Erben nach Ihrem Tod unter Umständen »auszahlen«. Um das zu verhindern, könnte ein sogenanntes Berliner Testament aufgesetzt werden, in dem sich die Ehepartner gegenseitig als Alleinerben einsetzen.

Lassen Sie uns in diesem Kapitel zusammen alle wichtigen Fragen rund um das Thema Testament klären. Ich werde Ihnen außerdem zeigen, wie Sie ein rechtskräftiges Testament aufsetzen. Neben den Informationen in diesem Buch benötigen Sie hierzu in der einfachsten Variante lediglich ein Blatt Papier und einen Kugelschreiber.

7.1 So erstellen Sie ein rechtskräftiges Testament

Das Wort Testament, so weiß es der Duden, stammt vom lateinischen Wort »testari«, das »Zeuge sein« bedeutet. Zwar ist für das Erstellen eines Testaments nicht unbedingt ein Zeuge erforderlich, wichtig ist jedoch das Vorhandensein der Testierfähigkeit, die im Paragrafen 2229 des Bürgerlichen Gesetzbuches geregelt ist. Diesem Paragrafen zufolge ist man in Deutschland ab dem 16. Lebensjahr testierfähig. Allerdings macht der vierte Absatz des Paragrafen eine Einschränkung, nämlich:

(4) Wer wegen krankhafter Störung der Geistestätigkeit, wegen Geistesschwäche oder wegen Bewusstseinsstörung nicht in der Lage ist, die Bedeutung einer von ihm abgegebenen Willenserklärung einzusehen und nach dieser Einsicht zu handeln, kann ein Testament nicht errichten.

Die Testierfähigkeit muss beim Erstellen eines Testaments aber nicht nachgewiesen werden, sondern diese wird nach deutschem Recht vorausgesetzt. Wenn eine Person nicht mit Ihrem Testament einverstanden wäre, müsste diese Ihnen eine nicht vorhandene Testierfähigkeit nachweisen.

Um ein rechtskräftiges Testament zu erstellen, bieten sich grundsätzlich zwei Möglichkeiten. Für welche Variante Sie sich entscheiden, richtet sich unter anderem danach, wie groß Ihr Vermögen ist und als wie vertrauenswürdig Sie Ihre Erben einschätzen. Die beiden Varianten sind:

- **das eigenhändige Testament:** Dieses Testament muss vollständig handschriftlich verfasst sein. Es genügt nicht, einen maschinengeschriebenen Text zu unterschreiben. Das eigenhändige Testament muss neben Ihrem vollständigen Namen auch das Datum und den Ort der Erstellung enthalten. Ein eigenhändiges Testament kann erst ab 18 Jahren erstellt werden.

- **das öffentliche Testament:** Dieses Testament erstellen Sie bei einem Notar, dem Sie Ihre letztwillige Verfügung mitteilen und der Sie in Sachen rund um das Testament berät. Wie hoch die Kosten für den Notar sind, richtet sich nach dem zu vererbenden Vermögen.

Die einfachste Variante ist sicherlich das eigenhändige Testament. Dieses können Sie selbst erstellen und bei Bedarf selbst ändern. Sie können es in Ihrem Tresor oder zusammen mit Ihren Vorsorgedokumenten aufbewahren. Das Testament muss nach Ihrem Tod beim Nachlassgericht (einer Abteilung des zuständigen Amtsgerichts) eingereicht werden.

Allerdings, wenn es um sehr große Vermögenswerte geht: Bestünde die Möglichkeit, dass benachteiligte Personen das Testament einfach verschwinden lassen? Dem könnten Sie entgegenwirken, indem Sie mehrere gleiche Testamente erstellen und an unterschiedlichen Orten aufbewahren bzw. aufbewahren lassen. Wichtig dabei ist, dass sich die Testamente nicht widersprechen. Würden Sie zwei Testamente erstellen, die sich widersprechen, wären automatisch die widersprechenden Angaben im jüngeren Testament gültig. Besonders sinnvoll ist die Erstellung mehrerer Testamente nicht, als sicherste Aufbewahrung empfehle ich die Hinterlegung beim Nachlassgericht, die Kosten hierfür sind gering.

Um möglichen Fehlern bei der Erstellung eines Testaments von vornherein vorzubeugen und für Ihre Erben eine möglichst hohe Rechtssicherheit zu erlangen, erstellen Sie ein öffentliches Testament bei einem Notar. Dies ist in jedem Fall empfehlenswert, wenn es um große Vermögen, Immobilien oder Firmenbesitz geht, und zwar besonders dann, wenn Ihre Vererbungswünsche stark von der gesetzlichen Erbfolge abweichen (zu solchen Detailfragen gleich mehr).

Sehr wichtig: Ein eigenhändiges Testament muss tatsächlich handschriftlich verfasst werden, damit es rechtskräftig wird; am Computer schreiben und ausdrucken ist also nicht möglich.

Das Last-minute-Testament

Falls Sie erst buchstäblich »in letzter Minute« auf den Gedanken kommen sollten, ein Testament zu erstellen, bietet das deutsche Recht hierfür drei Arten von Nottestamenten: Gemäß § 2249 BGB können Sie ein Testament im Notfall vor dem Bürgermeister der Gemeinde errichten, in der Sie sich gerade aufhalten; nach § 2250 BGB kann das Testament im Notfall auch vor drei Zeugen abgegeben werden, sofern die Umstände keine andere Errichtung eines Testaments erlauben; die dritte Art von Nottestament ist nach § 2251 BGB das »Nottestament auf See«, das an Bord eines deutschen Schiffes außerhalb eines inländischen Hafens ebenfalls vor drei Zeugen abgegeben werden kann. Ein solches Nottestament ist nur bis zu drei Monate gültig.

7.2 Wichtige Fragen und Antworten zum Testament

Zum Thema Testament gibt es eine Menge Fragen – und Antworten auf diese Fragen. Lassen Sie uns dieses Thema auf den nächsten Seiten ausführlich angehen. Wieder stellt die Überschrift zu einem Abschnitt jeweils eine Frage, die der zugehörige Text beantwortet.

Wer erbt, wenn ich kein Testament erstelle?

Sollten Sie kein rechtskräftiges Testament erstellen bzw. wird das Testament nicht eröffnet, erfolgreich angefochten oder von den im Testament genannten Erben ausgeschlagen, tritt automatisch die gesetzliche Erbfolge in Kraft. In der gesetzlichen Erbfolge werden fünf Ordnungen von Verwandten unterschieden. Ein Ehegatte zählt nicht zu den Verwandten, hat aber ebenfalls Erbansprüche. Doch zunächst zu den fünf Ordnungen von Verwandten.

Gibt es Verwandte der 1. Ordnung, werden nur diese mit dem gesetzlichen Erbe bedacht, Verwandte der 2. bis 5. Ordnung gehen dann leer aus. Sollte es keine Verwandten der 1. Ordnung geben, sind die Verwandten der 2. Ordnung an der Reihe. Gibt es keine Verwandten der 2. Ordnung, dann erben die Verwandten der 3. Ordnung usw. Dies sind die fünf Ordnungen der gesetzlichen Erbfolge im Überblick:

- **Verwandte 1. Ordnung:** Dies sind die direkten Abkömmlinge eines Erblassers, also die Kinder, Enkel, Urenkel usw. Dazu zählen auch nichteheliche Kinder sowie adoptierte Kinder, nicht jedoch Stiefkinder sowie Ziehkinder. Gegebenenfalls wichtig zu wissen: Stiefkinder sind mit einem Stiefelternteil rechtlich gesehen nur verschwägerte Personen, keine Verwandten. Bei den Abkömmlingen gilt das Stammesprinzip: Jeder Abkömmling bildet einen Stamm, der zu gleichen Teilen erbt. Würde ein Kind sterben, dann würden dessen Kinder (die Enkel) sich den Stammanteil teilen.

- **Verwandte 2. Ordnung:** Dies sind die Eltern des Erblassers sowie deren Abkömmlinge, also Vater, Mutter, Bruder, Schwester, Neffe, Nichte, Großneffe, Großnichte usw. Hier ist es so, dass zunächst beide Eltern mit dem Erbe bedacht würden. Gibt es nur noch einen Elternteil, würde dieser die eine Hälfte erben, während die Abkömmlinge des anderen Elternteils sich dessen Anteile teilen würden.

- **Verwandte 3. Ordnung:** Dies sind die Großeltern des Erblassers sowie deren Abkömmlinge, also Großvater, Großmutter, Onkel, Tante, Cousin, Cousine usw. Auch hier gilt, dass die Großeltern alles erben würden, wenn diese noch lebten. Stirbt ein Großelternteil, erbt der überlebende Großelternteil sozusagen die Hälfte der Hälfte, der andere Teil geht an die Abkömmlinge des verstorbenen Großelternteils.

- **Verwandte 4. Ordnung:** Dies sind die Urgroßeltern des Erblassers sowie deren Abkömmlinge. Bei einer Erbschaft nach dieser Ordnung könnten also zum Beispiel auch die Großtante (als Abkömmling der Urgroßeltern) oder deren Abkömmlinge erben.

- **Verwandte 5. Ordnung:** Dies sind noch entferntere Vorfahren des Erblassers sowie deren Abkömmlinge, also die ganz entfernte Verwandtschaft, von der Sie vielleicht noch nicht einmal etwas gehört haben.

Sie sehen, dass die gesetzliche Erbfolge logisch aufgebaut ist und sich nach dem Grad der Verwandtschaft richtet. Was darin aber natürlich überhaupt nicht berücksichtigt wird, ist, wie sich die Verwandten zu Ihren Lebzeiten Ihnen gegenüber verhalten haben. Vielleicht stand Ihnen ja eine Nichte näher als der eigene Sohn? Vielleicht hat diese Sie jahrelang gepflegt, während der Sohn Sie nicht einmal zu Weihnachten angerufen hat? Wenn Sie von der gesetzlichen Erbfolge abweichen möchten, ist die Erstellung eines Testaments unbedingt erforderlich.

Und was erbt mein Ehepartner?

Was in den oben genannten Ordnungen ebenfalls nicht berücksichtigt wird, ist der überlebende Ehepartner. Ehepartner zählen rein rechtlich betrachtet nicht zur Verwandtschaft. Dennoch wird auch der Ehepartner im Erbrecht berücksichtigt. Voraussetzung dafür ist, dass die Ehe zum Zeitpunkt des Todes Bestand hatte und – vereinfacht gesagt – keine Ehescheidung im Gange war.

Welchen Anteil ein überlebender Ehepartner erbt, richtet sich nach dem Güterstand der Ehe; mit einem Testament können Sie individuelle Regelungen treffen.

7.2 Wichtige Fragen und Antworten zum Testament

Der eheliche Hausrat sowie Hochzeitsgeschenke stehen dem Ehegatten sowieso als Erbe zu. Im Fall einer Zugewinngemeinschaft würde der überlebende Ehegatte bei Vorhandensein von Erben der ersten Ordnung des Weiteren die Hälfte des Nachlasses erben, bei Vorhandensein von Erben der zweiten Ordnung sogar drei Viertel des Nachlasses. Die Zugewinngemeinschaft ist derjenige Güterstand bei einer Ehe in Deutschland, sofern kein Ehevertrag geschlossen wird, in dem ein anderer Güterstand beschlossen wird.

Im Fall einer Gütergemeinschaft, bei der dem überlebenden Ehegatten sowieso bereits die Hälfte des Vermögens gehört, gilt Folgendes: Wenn Sie Erben der ersten Ordnung haben, erbt der überlebende Ehegatte lediglich ein Viertel des Nachlasses. Gibt es Erben der zweiten Ordnung, erbt der überlebende Ehegatte die Hälfte des Nachlasses. Verwandte der dritten, vierten oder fünften Ordnung würden leer ausgehen – dann würde der überlebende Ehegatte den ganzen Nachlass erhalten.

Im Fall einer Gütertrennung erhält der Ehepartner mindestens ein Viertel des Nachlasses. Gibt es zwei Kinder, würde der Ehepartner sogar ein Drittel des Nachlasses erben. Bei nur einem Kind wäre es die Hälfte des Nachlasses.

Gelten diese Regelungen auch für gleichgeschlechtliche Lebenspartnerschaften?

Ja, die Erbregelungen für Ehegatten gelten auch für gleichgeschlechtliche Lebenspartnerschaften, die nach dem »Gesetz über die Eingetragene Lebenspartnerschaft« eingetragen wurden. Diese Möglichkeit bestand in Deutschland von 2001 bis 2017. Seit dem 1. Oktober 2017 sind in Deutschland gleichgeschlechtliche Ehen möglich, was dieses Gesetz obsolet machte.

Was ist, wenn ich weder Verwandte noch Ehepartner als Erben habe?

Gibt es gar keine gesetzlichen Erben und Sie vererben Ihr Vermögen nicht per Testament beispielsweise einer wohltätigen Organisation, so tritt der Staat Ihr Erbe an. Im Gegensatz zu anderen Erben darf er ein Erbe nicht ausschlagen.

Kann ich einen gesetzlichen Erben eigentlich enterben?

Nun möchten Sie mit Ihrem Testament Ihre missratene Tochter enterben und stattdessen das ganze Vermögen Ihrer zweiten Tochter, Goldmarie, zukommen lassen. Geht das? Jein. Nahe Verwandte sowie Ehegatten bzw. eingetragene Lebenspartner haben nämlich grundsätzlich Anspruch auf einen Pflichtteil des Erbes.

Der Pflichtteil ist die Hälfte des Erbteils, welcher der Person eigentlich zustehen würde. Nur die andere Hälfte Ihres Erbteils könnten Sie der missratenen Tochter also entziehen und anderweitig frei vererben.

Allerdings gibt es auch die Möglichkeit der Pflichtteilsentziehung. Diese muss jedoch im Testament begründet werden. Ein Entzug des Pflichtteils ist laut Paragraf 2333 des Bürgerlichen Gesetzbuches aus vier Gründen möglich. Ich zitiere an dieser Stelle den Paragrafen:

§

(1) Der Erblasser kann einem Abkömmling den Pflichtteil entziehen, wenn der Abkömmling

1. dem Erblasser, dem Ehegatten des Erblassers, einem anderen Abkömmling oder einer dem Erblasser ähnlich nahe stehenden Person nach dem Leben trachtet,

2. sich eines Verbrechens oder eines schweren vorsätzlichen Vergehens gegen eine der in Nummer 1 bezeichneten Personen schuldig macht,

3. die ihm dem Erblasser gegenüber gesetzlich obliegende Unterhaltspflicht böswillig verletzt oder

4. wegen einer vorsätzlichen Straftat zu einer Freiheitsstrafe von mindestens einem Jahr ohne Bewährung rechtskräftig verurteilt wird und die Teilhabe des Abkömmlings am Nachlass deshalb für den Erblasser unzumutbar ist. Gleiches gilt, wenn die Unterbringung des Abkömmlings in einem psychiatrischen Krankenhaus oder in einer Entziehungsanstalt wegen einer ähnlich schwerwiegenden vorsätzlichen Tat rechtskräftig angeordnet wird.

(2) Absatz 1 gilt entsprechend für die Entziehung des Eltern- oder Ehegattenpflichtteils.

7.2 Wichtige Fragen und Antworten zum Testament

Bis auf diese Ausnahmefälle kann der Pflichtteil also testamentarisch nicht ausgeschlossen werden. Jedoch gibt es noch die Möglichkeit einer Pflichtteilsbeschränkung, und zwar dann, wenn der Erbe sehr verschwenderisch oder überschuldet ist. In diesem Fall können Sie in Ihrem Testament festlegen, dass der Pflichtteil erst an die Abkömmlinge des Erben übertragen wird. Der Erbe erhält dann lediglich den jährlichen Reinertrag aus dem Vermögen.

Schenkungen oder Zuwendungen zu Lebzeiten können in die Pflichtteilsberechnung einfließen

Die Pflichtteilsbestimmungen sind im Prinzip einfach, aber natürlich gibt es auch diesbezüglich noch eine Reihe rechtlicher Finessen. Beispielsweise kann ein Erbe eine Ergänzung seines Pflichtteils verlangen, wenn Sie zu Ihren Lebzeiten größere Schenkungen an Dritte gemacht haben. Andererseits können Zuwendungen, die Sie zu Ihren Lebzeiten an einen Erben vorgenommen haben, auf dessen Pflichtteil angerechnet werden – dies muss jedoch vorab mit dem Erben vereinbart werden, nicht erst im Testament.

Kann mein Testament angefochten werden?

Wenn jemand den Verdacht hat, dass ein Testament zum Beispiel unter Drohungen verfasst wurde oder sittenwidrig ist oder weil einem Erben der Pflichtteil nicht zugestanden wird, kann er dieses anfechten. Ob eine Anfechtung Sinn ergibt, würde ein Rechtsanwalt klären. Die Anfechtungserklärung müsste beim zuständigen Nachlassgericht eingereicht werden.

Können meine Erben ihr Erbe ausschlagen?

Ihr Erbe beinhaltet nicht nur Ihr Vermögen, sondern auch Ihre eventuellen Verbindlichkeiten. Für einen Erben wäre es natürlich nicht sonderlich attraktiv, Schulden zu erben. Er kann deshalb ein Erbe ausschlagen. Er erbt dann allerdings gar nichts, kann also nicht nur bestimmte Teile des Erbes annehmen und andere ausschlagen. Nachdem das Erbschaftsverfahren eröffnet ist, hat der Erbe sechs Wochen lang Zeit, das Erbe entweder anzunehmen oder auszuschlagen. In dieser Zeit muss er sich einen Überblick darüber verschaffen, ob das Annehmen des Erbes sinnvoll ist oder nicht. Gibt es Schulden? Ist eine Immobilie sanierungsbedürftig? Kurz: Ist das Erbe lohnenswert oder nur eine zusätzliche Belastung? Besonders bei großen, aber undurchsichtigen Erbschaften müssen solche Fragen unbedingt geklärt werden, bevor ein Erbe angenommen oder ausgeschlagen wird. Eine Alternative zur Ausschlagung könnte die Beantragung einer Nachlassverwaltung sein.

Muss ein Erbe versteuert werden?

Die Erbschaftssteuer wurde im Jahr 1906 im Deutschen Reich eingeführt und besteht bis heute. Wer etwas erbt, muss darauf grundsätzlich Erbschaftssteuer bezahlen. Allerdings gibt es einige Steuerbefreiungen sowie Freibeträge. So ist zum Beispiel das Erben von Hausrat bis zu einer bestimmten Obergrenze von der Steuer befreit. Wie hoch der Freibetrag bei einer Erbschaft ist, richtet sich nach dem Verhältnis zum Erblasser. Die höchsten Freibeträge haben Ehegatten sowie Verwandte der ersten Ordnung. Bei Redaktionsschluss hatte ein überlebender Ehegatte beispielsweise einen Freibetrag in Höhe von einer halben Million Euro, hinzu kam noch ein Versorgungsfreibetrag in Höhe von 256.000 Euro. Bei einem Kind belief sich der Freibetrag auf immerhin 400.000 Euro, bei einem Enkel auf 200.000 Euro und bei einem Elternteil auf 100.000 Euro. Diese Freibeträge könnten sich in Zukunft ändern. Klingt viel? Nun ja, wenn eine oder mehrere Immobilien im Spiel sind, ist der Freibetrag unter Umständen rasch ausgeschöpft. Seit dem 01.01.2023 wendet das Finanzamt neue Bewertungskriterien für vererbte Immobilien an. Immobilien werden nach dem neuen Verfahren eher höher bewertet, von den Erben muss dann eine höhere Erbschaftssteuer abgeführt werden.

Wann sollte ich unbedingt ein Testament verfassen?

Wie bereits angeklungen ist, erstellen Sie ein Testament immer dann, wenn Sie von der gesetzlichen Erbfolge abweichen möchten bzw. genau festlegen möchten, wer was bekommt. Das muss sich nicht nur auf große Vermögen beziehen, sondern eventuell auch auf kleinere Gegenstände: Schmuckstücke, Gemälde, persönliche Gegenstände. Nur wenn Sie ein Testament erstellen, können Sie genau festlegen, wer womit bedacht wird.

Vermachen und Vererben: das ist der Unterschied

Rechtlich wird zwischen der Erbschaft und dem Vermächtnis unterschieden. Die Erbschaft ist zunächst einmal alles, was der Erblasser hinterlässt, auch wenn das Erbe dann auf unterschiedliche Weise aufgeteilt werden kann. Das Vermächtnis bezieht sich hingegen auf ausgewählte Gegenstände des Nachlasses, die dann bei den Erben eingefordert werden müssen. Im Bürgerlichen Gesetzbuch heißt es dazu im Paragrafen 1939: *»Der Erblasser kann durch Testament einem anderen, ohne ihn als Erben einzusetzen, einen Vermögensvorteil zuwenden (Vermächtnis).«*

7.2 Wichtige Fragen und Antworten zum Testament

Kann ein Erbe an bestimmte Auflagen oder Bedingungen geknüpft werden?

Sie können in Ihrem Testament verschiedene Auflagen oder Bedingungen festlegen. Als Auflage wäre zum Beispiel denkbar, das Erbe an bestimmte Aktivitäten wie die Pflege Ihres Grabs zu knüpfen. Auch das Festlegen einer bestimmten Form der Geldanlage würde in die Kategorie Auflage fallen. Schließlich könnten Sie den Erben per Auflage auch dazu verpflichten, eine geerbte Immobilie innerhalb eines bestimmten Zeitraums nicht zu verkaufen. Hier gilt es natürlich gründlich abzuwägen, welche Auflagen tatsächlich Sinn ergeben. Nur zur Gängelung der Erben sollten sie nicht gedacht sein. Auflagen beziehen sich auf den Zeitraum nach der erfolgten Erbschaft.

Ein Erbe kann aber auch an Bedingungen geknüpft werden. Nur wenn diese Bedingungen erfüllt werden, kann ein Erbe angetreten werden. In diesem Zusammenhang ist wichtig zu wissen, dass nicht alle Bedingungen erlaubt sind, zum Beispiel ist eine Bedingung, die vom Erben verlangt, zum katholischen Glauben überzutreten, rechtlich nicht wirksam. Eine zulässige Bedingung für das Antreten der Erbschaft wäre aber etwa das Erreichen der Volljährigkeit.

Neben aufschiebenden Bedingungen wie dem gerade genannten Beispiel des Erreichens der Volljährigkeit gibt es auch auflösende Bedingungen. Bei auflösenden Bedingungen darf das Erbe nur behalten werden, wenn die Bedingungen erfüllt sind, etwa die Pflege des überlebenden Ehegatten oder die Pflege des Haustiers.

Und wer pflegt nach meinem Tod mein Haustier? Die Haustierpflege kann als Bedingung in das Testament aufgenommen werden.

Was ist der Unterschied zwischen einem Testament und einem Erbvertrag?

Der Erbvertrag ist eine Alternative zum Testament. Er muss in jedem Fall von einem Notar beurkundet und amtlich verwahrt werden. Ein Erbvertrag wird zum Beispiel dann geschlossen, wenn ein Erbe zu Lebzeiten des Erblassers bestimmte Gegenleistungen erbringen soll, für die er dann mit dem Erbe bedacht wird.

Kann ich ein Testament gemeinsam mit meinem Ehepartner erstellen?

Neben dem Erstellen eines Einzeltestaments besteht die Möglichkeit, dass Ehepartner bzw. eingetragene Lebenspartner ein gemeinschaftliches Testament errichten. Was die Form betrifft, genügt in diesem Fall, dass einer der Ehepartner das Testament handschriftlich abfasst, aber beide Ehepartner das Testament unterschreiben.

Beim gemeinschaftlichen Testament ist zu beachten, dass sogenannte wechselbezügliche Verfügungen nur so lange geändert werden können, wie beide Ehegatten bzw. eingetragene Lebenspartner leben. Stirbt einer der beiden Partner, sind Änderungen der wechselbezüglichen Verfügungen nicht mehr möglich.

Die häufigste Form des gemeinschaftlichen Testaments ist das sogenannte Berliner Testament, in dem sich die Ehepartner gegenseitig als ihre Alleinerben einsetzen. Es wird darin geregelt, dass der Nachlass erst nach dem Versterben beider Ehepartner an die gemeinsamen Abkömmlinge fallen soll. So kann zum Beispiel der überlebende Ehepartner in der gemeinsamen Immobilie wohnen bleiben und muss diese nicht verkaufen, um die anderen Erben »auszuzahlen«.

Was sind »Vorerben« und »Nacherben«?

Sie können in Ihrem Testament festlegen, dass nach Ihrem Tod zunächst eine bestimmte Person, etwa der Ehepartner, Ihr Vermögen erbt. Nach einem festgelegten Zeitraum oder, sofern kein Zeitraum festgelegt wird, nach dem Tod dieser Person geht das Erbe auf eine andere von Ihnen bestimmte Person über. Die erste Person, die erbt, ist dann der »Vorerbe«, die zweite Person der »Nacherbe«.

Ein Vorerbe bringt gewisse Einschränkungen mit sich. Wird zum Beispiel ein Haus zunächst an den Vorerben vererbt, das dann auf den Nacherben übergehen soll, darf der Vorerbe das Haus nicht verkaufen, verschenken oder belasten. Außerdem ist der Vorerbe verpflichtet, das Haus ordnungsgemäß zu verwalten und zu erhalten. Erst der Nacherbe darf das Haus dann veräußern.

Zwar gibt es Möglichkeiten, den Vorerben testamentarisch von einigen seiner Pflichten zu befreien, jedoch bringt das Einsetzen von Vorerben und Nacherben so viel Aufwand mit sich (auch in erbschaftssteuerlicher Hinsicht), dass es nicht die erste Wahl sein sollte. Für Ehegatten empfiehlt sich in der Regel eher das im vorherigen Abschnitt genannte Berliner Testament, bei dem sich die Ehegatten gegenseitig als Alleinerben einsetzen.

Sinnvoll kann eine Vorerbschaft in einem sogenannten Behindertentestament sein. Wird ein Vermögen an eine behinderte Person vererbt, die überwiegend oder ausschließlich von Sozialleistungen lebt, würde das geerbte Vermögen von diesen Kosten aufgefressen werden, während die staatlichen Leistungen wegfallen. Wird eine behinderte Person hingegen als Vorerbe eingesetzt, bleibt das Vermögen für den Nacherben erhalten.

Was ist, wenn ein von mir eingesetzter Erbe vor mir verstirbt?

Würde ein von Ihnen eingesetzter Erbe vor Ihnen sterben, würde das dieser Person zugedachte Erbe an die anderen von Ihnen genannten Erben bzw. an die gesetzlichen Erben fallen. Sie können für diesen Fall jedoch auch einen Ersatzerben einsetzen, der dann anstelle der verstorbenen Person erbt.

Was sind die Schritte von meinem Tod bis zur Erbschaft?

Wie bereits an anderer Stelle erwähnt, muss ein Testament nach dem Tod des Erblassers beim Nachlassgericht eingereicht werden, das eine Abteilung des zuständigen Amtsgerichts ist. Liefert eine Person ein gefundenes Testament absichtlich nicht beim Nachlassgericht ab, macht sie sich strafbar.

Liegt dem Nachlassgericht ein Testament vor, setzt es einen Termin für die Testamentseröffnung fest und lädt alle Beteiligten dazu ein, also die gesetzlichen Erben sowie andere Beteiligte wie zum Beispiel Vermächtnisempfänger. Das Ermitteln der gesetzlichen Erben ist Sache des Nachlassgerichts.

Außerdem ist das Nachlassgericht für die Sicherung des Nachlasses zuständig. Es muss also dafür sorgen, dass wertvoller Schmuck, größere Bargeldsummen oder ähnliche Vermögenswerte nicht abhandenkommen. Klar, dass das Nachlassgericht hierfür eine Gebühr nimmt.

Nach der Testamentseröffnung haben die Erben sechs Wochen Zeit, um sich für eine Annahme des Erbes zu entscheiden, oder dafür, das Erbe auszuschlagen.

Das Nachlassgericht stellt außerdem einen Erbschein aus, aus dem hervorgeht, wer überhaupt erbt. Als Erbe müssen Sie dazu einige

Unterlagen vorlegen, zum Beispiel als gesetzlicher Erbe eine Sterbeurkunde des Erblassers und das Familienstammbuch, aus dem das Verhältnis zum Erblasser hervorgeht. Als eingesetzter Erbe würden Sie stattdessen das Testament vorlegen, mit dem Sie als Erbe eingesetzt werden.

Der Erbschein ist ein sehr wichtiges Dokument, um den Nachlass zu regeln. Er weist den Erben als Rechtsnachfolger des Erblassers aus. Ein Erbschein wird zum Beispiel benötigt, um ein Bankkonto auflösen oder ein Grundstück umschreiben lassen zu können. Sind solche Aktivitäten nicht erforderlich, braucht es den Erbschein – der, abhängig vom vererbten Vermögen, eine Menge Gebühren kosten kann – nicht unbedingt.

Sehr wichtig zu wissen: Wenn Sie einen Erbschein beantragen, erfolgt die Annahme des Erbes. Ein Erbschein sollte also in jedem Fall erst dann beantragt werden, wenn klar ist, dass man das Erbe annehmen möchte. Schlimmstenfalls würde man statt eines Vermögens Schulden erben. Der Nachlass muss deshalb vor dem Beantragen eines Erbscheins unbedingt genauestens überprüft werden!

Kann ich mein Testament widerrufen?

Ihr Testament können Sie jederzeit widerrufen. Ein Testament, das Sie selbst aufbewahren, müssen Sie hierzu lediglich vernichten. Bei einem öffentlichen Testament, das von einem Notar erstellt wurde, nehmen Sie es zum Widerruf aus der öffentlichen Verwahrung. Sie können aber auch einfach ein neues Testament erstellen, indem Sie die Inhalte vorheriger Testamente aufheben.

Was ist mit meinem digitalen Nachlass?

Auch der digitale Nachlass – also der Umfang mit den von Ihnen hinterlassenen digitalen Daten – kann testamentarisch geregelt werden. Zahlreiche Hinweise dazu sowie ein Beispiel für eine Passage im Testament erhalten Sie in Kapitel 8.

7.2 Wichtige Fragen und Antworten zum Testament

Checkliste: Wem möchte ich etwas vererben oder vermachen?

Bevor Sie Ihr Testament erstellen: Klären Sie mithilfe der folgenden Checkliste für sich selbst, wem Sie etwas vererben oder vermachen möchten. Überlegen Sie sich in diesem Zusammenhang, welche Personen Ihnen in Ihrem Leben etwas bedeuten oder bedeutet haben, wem Sie viel zu verdanken haben usw. Die Checkliste dient nur dazu, sich selbst Klarheit zu verschaffen, sie hat also keinerlei rechtliche Auswirkungen.

Personen oder Organisationen, die ich in meinem Testament als Erben einsetzen möchte:

- ☐ NAME: ______________________

  ERBTEIL in %: ______________________

- ☐ NAME: ______________________

  ERBTEIL in %: ______________________

- ☐ NAME: ______________________

  ERBTEIL in %: ______________________

- ☐ NAME: ______________________

  ERBTEIL in %: ______________________

- ☐ NAME: ______________________

  ERBTEIL in %: ______________________

- ☐ NAME: ______________________

  ERBTEIL in %: ______________________

Personen oder Organisationen, denen ich testamentarisch Geldbeträge oder Gegenstände vermachen möchte:

☐ NAME: ______________________________

VERMÄCHTNIS: ______________________________

☐ NAME: ______________________________

VERMÄCHTNIS: ______________________________

☐ NAME: ______________________________

VERMÄCHTNIS: ______________________________

☐ NAME: ______________________________

VERMÄCHTNIS: ______________________________

☐ NAME: ______________________________

VERMÄCHTNIS: ______________________________

☐ NAME: ______________________________

VERMÄCHTNIS: ______________________________

☐ NAME: ______________________________

VERMÄCHTNIS: ______________________________

☐ NAME: ______________________________

VERMÄCHTNIS: ______________________________

7.3 Bausteine und Muster-Testamente

Da ein Testament, das Sie nicht bei einem Notar errichten, vom ersten bis zum letzten Wort handschriftlich verfasst werden muss, kann ich Ihnen in diesem Buch kein Formular zum Erstellen Ihres ganz persönlichen Testaments anbieten. Nehmen Sie zum Erstellen Ihres Testaments ein oder mehrere Blatt Papier zur Hand und schreiben Sie Ihr Testament gut leserlich in Ihrer eigenen Handschrift. Die folgenden Hinweise werden Ihnen beim Erstellen Ihres Testaments behilflich sein.

Meine Handschrift ist nicht gut leserlich – darf ich auch Druckbuchstaben verwenden?

Sie dürfen beim eigenhändigen Erstellen Ihres Testaments auch Druckbuchstaben verwenden, allerdings nur, sofern die individuellen Merkmale Ihrer Handschrift erkennbar bleiben. Besser ist es, die ganz normale Schreibschrift zu verwenden – man wird diese dann schon entziffern können, auch wenn es ein wenig länger dauern mag.

Der Testament-Baukasten

Lassen Sie uns nun einige Bausteine zusammenstellen, mit deren Hilfe Sie Ihr individuelles Testament verfassen können – sozusagen Ihren Testament-»Baukasten«. Im Anschluss werde ich Ihnen noch zwei Muster-Testamente anbieten, die Ihnen als Anregung dienen sollen.

Für das Testament gilt: Fassen Sie sich kurz und nehmen Sie nur die wirklich notwendigen Inhalte auf. Das Testament soll nicht als Abschiedsbrief an Ihre Angehörigen dienen, sondern lediglich Ihren Nachlass regeln. Einen Abschiedsbrief würden Sie gegebenenfalls – wie zum Beispiel Ihre Bestattungsverfügung – gesondert schreiben.

In den Bausteinen verwende ich die Mitglieder der Familie Mustermann. Sie verwenden dann einfach die entsprechenden eigenen vollen Namen, also Vornamen und Zuname sowie gegebenenfalls einen abweichenden Geburtsnamen. Damit ein Erbe eindeutig identifiziert werden kann, sind außerdem Angaben des Geburtsdatums sowie des Wohnorts sinnvoll.

Überschrift

Beginnen Sie Ihr Testament mit einer Überschrift, aus der hervorgeht, dass es sich bei dem Dokument um Ihren letzten Willen handelt. Entscheiden Sie sich am besten für eine Überschrift wie »Testament«, »Mein Testament«, »Letzter Wille« oder »Mein letzter Wille«:

Mein letzter Wille

Eingangsformel

Beginnen Sie Ihr Testament mit einem Satz, in dem Sie noch einmal darüber Auskunft geben, dass es sich um Ihren letzten Willen handelt. Bauen Sie in den Satz am besten neben Ihren Vornamen, Ihrem Zunamen sowie gegebenenfalls einem abweichenden Geburtsnamen auch Ihr Geburtsdatum sowie Ihre Anschrift ein. Das dient lediglich dazu, Sie eindeutig zu identifizieren. Nicht erforderlich – aber auch nicht verboten – ist die Floskel »im Vollbesitz meiner geistigen Kräfte«. Wie bereits an anderer Stelle erwähnt, wird der Vollbesitz Ihrer geistigen Kräfte beim Erstellen des Testaments vorausgesetzt. Falls Sie Bedenken hätten, dass dieser Vollbesitz Ihrer geistigen Kräfte nach Ihrem Tod infrage gestellt werden könnte, würden Sie das Testament von einem Notar erstellen lassen.

Hier ein Beispiel für eine Eingangsformel in einem Einzeltestament, die Sie verwenden könnten:

Hiermit erkläre ich, Paul Mustermann, geboren am 14.9.1961 in Dinslaken, zurzeit wohnhaft im Narzissenweg 12, 837372 Musterstadt, meinen letzten Willen.

Bei einem gemeinschaftlichen Testament zweier Ehepartner bzw. eingetragener Lebenspartner könnte die Eingangsformel wie folgt lauten:

Hiermit erklären wir, die Eheleute Paul Mustermann, geboren am 14.9.1961 in Dinslaken, zurzeit wohnhaft im Narzissenweg 12, 837372 Musterstadt, und Gerlinde Mustermann, geboren am 7.2.1965 in Landshut als Gerlinde Fritzenschaft, zurzeit ebenfalls wohnhaft im Narzissenweg 12, 837372 Musterstadt, unseren letzten Willen.

Den langen Satz für das gemeinschaftliche Testament können Sie natürlich durch Absätze auflockern, wie Sie nachher noch im entsprechenden Muster-Testament sehen werden.

Benennung der Erben

Jetzt kommt der wichtigste Teil Ihres Testaments, nämlich die Benennung der Erben. Ich setze hier voraus, dass Sie die entsprechenden Passagen zur gesetzlichen Erbfolge, zum Ehegattenerbrecht usw. bereits gelesen haben und wissen, wem Sie wie viel vererben können.

Nun können Sie Ihr Erbe zu gleichen, aber auch zu ungleichen Teilen an die Erben verteilen. Wenn Sie Ihr Erbe zu ungleichen Teilen zum Beispiel an Ihre Kinder verteilen würden, könnte dies nach Ihrem Tod böses Blut nach sich ziehen. Davon sollten Sie also wirklich nur Gebrauch machen, wenn es sich begründen lässt.

7.3 Bausteine und Muster-Testamente

Nennen Sie Ihre Erben – möglichst wieder mit zusätzlichen Angaben zu Geburtsdatum und Anschrift – und die Anteile, die die Erben jeweils aus Ihrem Erbe erhalten sollen. Ein Beispiel:

Als meine Erben setze ich ein:

1. *meine Lebensgefährtin Lisa Beispiel, geboren am 15.3.1971 in Stuttgart, zurzeit wohnhaft im Föhrenweg 19, 767361 Beispielhausen. Ihr Anteil an meinem Erbe beträgt 50 Prozent.*
2. *meinen Neffen Carlo Mustermann, geboren am 17.12.1983 in Dinslaken, zurzeit wohnhaft in der Hauptstraße 124, 883711 Exempel. Sein Anteil an meinem Erbe beträgt 30 Prozent.*
3. *meinen guten Freund Benno Vorbild, geboren am 16.8.1961 in Dinslaken, zurzeit wohnhaft im Rautenweg 13, 788372 Musterkingen. Sein Anteil an meinem Erbe beträgt 10 Prozent.*
4. *das Tierheim Zur Fellnase in der Waldstr. 12, 837372 Musterstadt. Sein Anteil an meinem Erbe beträgt 10 Prozent.*

Nun könnte es sein, dass Benno Vorbild vor dem Erblasser verstirbt. Dann würde sein Erbteil unter den anderen Erben aufgeteilt. Stattdessen könnten Sie aber auch eine andere Person als Ersatzerben bestimmen. Das könnte dann etwa folgendermaßen aussehen:

meinen guten Freund Benno Vorbild, geboren am 16.8.1961 in Dinslaken, zurzeit wohnhaft im Rautenweg 13, 788372 Musterkingen. Sein Anteil an meinem Erbe beträgt 10 Prozent. Als Ersatzerben setze ich Regine Vorbild, geboren am 28. September 1988 in Dinslaken, zurzeit wohnhaft im Rautenweg 13, 788372 Musterkingen, ein.

Wenn Sie, wie weiter oben in diesem Kapitel dargestellt, von einer Vor- und Nacherbschaft Gebrauch werden wollen (was aber nur im Ausnahmefall Sinn ergibt), würden Sie den Baustein beginnen mit »Als meinen Vorerben setze ich ein:«, um nach der Bestimmung des bzw. der Vorerben unter »Nacherben sollen sein:« den bzw. die Nacherben zu bestimmen. Zur Bestimmung eines Nacherbentestamentsvollstreckers (nur beim Thema Vor- und Nacherbschaft erforderlich) würden Sie eine Passage einfügen wie die folgende:

Zur Sicherung der Rechte der Nacherben ordne ich die Nacherbentestamentsvollstreckung an. Zum Nacherbentestamentsvollstrecker bestimme ich Herrn Dr. Gernot von Muster, Hermannshöhe 21, 837372 Musterstadt. Der Nacherbentestamentsvollstrecker soll während der gesamten Dauer der Vorerbschaft die Rechte und Pflichten der Nachereben wahrnehmen. Beendet wird die Nacherbentestamentsvollstreckung mit dem Eintritt des Nacherbfalls.

Sie bemerken beim Thema Vor- und Nacherbschaft, dass ein Testament auch ganz schön kompliziert werden kann. Bei solchen speziellen Themen, etwa auch dann, wenn es um das Vererben eines Unternehmens geht, sollte in jedem Fall ein Notar herangezogen werden. Ein einfaches Testament kann hingegen jeder mit wenigen Handgriffen selbst verfassen.

Benennung möglicher Vermächtnisempfänger

Nun könnten Sie, zusätzlich zu den Erben, noch einen oder mehrere Vermächtnisempfänger benennen, denen Sie zum Beispiel persönliche Gegenstände oder eine bestimmte Geldsumme hinterlassen möchten. Der Vermächtnisempfänger ist kein Erbe, sondern erhält das Vermächtnis aus dem Erbe. Auch dazu ein Beispiel:

Ich vermache meiner guten Freundin Margareta Esempio, geboren am 16. April 1964, zurzeit wohnhaft in der Via Roma, 77363 Modello, Italien, meine Gemäldesammlung.

Meinem Kumpel Anton Muster, geboren am 17. Mai 1962, zurzeit wohnhaft in der Goethestr. 28, 837372 Musterstadt, vermache ich einen Betrag in Höhe von 1.000 Euro.

Ort und Datum der Testamentserstellung

Ein zwingend erforderlicher Baustein Ihres Testaments sind Angaben zu Ort und Datum der Testamentserstellung, also etwa:

Musterstadt, den 24. Januar 2026

Unterschrift

Als letzter Baustein folgt noch Ihre Unterschrift, die Ihrem Testament Gültigkeit verleiht.

Diese Bausteine sollen genügen, um ein einfaches rechtskräftiges Testament zu errichten. Natürlich könnten Sie nun auch noch Auflagen oder Bedingungen einbauen, einen gesetzlichen Erben »enterben« oder Ähnliches. Doch für solche Spezialfälle sollten Sie sich in jedem Fall noch gründlicher einlesen bzw. sich an einen Notar wenden. Im Folgenden stelle ich Ihnen noch zwei Muster-Testamente vor.

7.3 Bausteine und Muster-Testamente

Muster für Einzeltestament

Ein einfaches Testament kann aus wenigen Zeilen bestehen, in denen Sie Ihr Vermögen an eine oder mehrere Personen vererben und weiteren Personen persönliche Gegenstände vermachen. So könnte ein solches Testament beispielsweise aussehen:

Mein letzter Wille

Hiermit erkläre ich, Paul Mustermann, geboren am 14.9.1961 in Dinslaken, zurzeit wohnhaft im Narzissenweg 12, 837372 Musterstadt, meinen letzten Willen.

Als meine Erben setze ich ein:

1. meine Lebensgefährtin Lisa Beispiel, geboren am 15.3.1971 in Stuttgart, zurzeit wohnhaft im Föhrenweg 19, 767361 Beispielhausen. Ihr Anteil an meinem Erbe beträgt 50 Prozent.
2. meinen Neffen Carlo Mustermann, geboren am 17.12.1983 in Dinslaken, zurzeit wohnhaft in der Hauptstraße 124, 883711 Exempel. Sein Anteil an meinem Erbe beträgt 30 Prozent.
3. meinen guten Freund Benno Vorbild, geboren am 16.8.1961 in Dinslaken, zurzeit wohnhaft im Rautenweg 13, 788372 Musterkingen. Sein Anteil an meinem Erbe beträgt 10 Prozent.
4. das Tierheim Zur Fellnase in der Waldstr. 12, 837372 Musterstadt. Sein Anteil an meinem Erbe beträgt 10 Prozent.

Ich vermache meiner guten Freundin Margareta Esempio, geboren am 16. April 1964, zurzeit wohnhaft in der Via Roma, 77363 Modello, Italien, meine Gemäldesammlung.

Meinem guten Freund Anton Muster, geboren am 17. Mai 1962, zurzeit wohnhaft in der Goethestr. 28, 837372 Musterstadt, vermache ich einen Betrag in Höhe von 1.000 Euro.

Musterstadt, den 24. Januar 2026
Paul Mustermann

Muster für gemeinschaftliches Testament

Genauso einfach wie das Einzeltestament kann auch das gemeinschaftliche Testament von Ehegatten bzw. eingetragenen Lebenspartnern gehalten werden. Hierzu als Beispiel ein sogenanntes Berliner Testament, in dem sich die Eheleute gegenseitig als Alleinerben einsetzen.

Unser letzter Wille

Hiermit erklären wir, die Eheleute

Paul Mustermann, geboren am 14.9.1961 in Dinslaken, zurzeit wohnhaft im Narzissenweg 12, 837372 Musterstadt,

und

Gerlinde Mustermann, geboren am 7.2.1965 in Landshut als Gerlinde Fritzenschaft, zurzeit ebenfalls wohnhaft im Narzissenweg 12, 837372 Musterstadt,

unseren letzten Willen.

Wir haben am 6.6.1984 in der Pfarrkirche Sankt Jakob in 837372 Musterstadt unsere Ehe geschlossen und leben in einer Zugewinngemeinschaft.

Hiermit setzen wir uns gegenseitig als unseren Alleinerben ein.

Als Schlusserben des Letztverstorbenen setzen wir ein:

1. meinen Neffen Carlo Mustermann, geboren am 17.12.1983 in Dinslaken, zurzeit wohnhaft in der Hauptstraße 124, 883711 Exempel. Sein Anteil an meinem Erbe beträgt 60 Prozent.
2. das Tierheim Zur Fellnase in der Waldstr. 12, 837372 Musterstadt. Sein Anteil an meinem Erbe beträgt 40 Prozent.

Sofern ein Erbe seinen Pflichtteil aus dem Nachlass des zuerst verstorbenen Ehepartners verlangt, erhält er auch aus dem Nachlass des Längerlebenden ebenfalls nur den Pflichtteil.

Wir vermachen unserer guten Freundin Margareta Esempio, geboren am 16. April 1964, zurzeit wohnhaft in der Via Roma, 77363 Modello, Italien, unsere Gemäldesammlung. Die Vermächtnisansprüche gegen den Erben werden erst nach dem Tod des Längerlebenden fällig.

Musterstadt, den 24. Januar 2026
Paul Mustermann

Musterstadt, den 24. Januar 2026
Gerlinde Mustermann

8

Ihren digitalen Nachlass regeln:
E-Mail, Facebook und Co.

Wenn Sie über einen Computer verfügen und das Internet nutzen, hinterlassen Sie nicht nur Vermögenswerte. Sondern Sie hinterlassen auch eine ganze Menge Daten. Das können zum Beispiel elektronische Post (E-Mails) oder Beiträge in sozialen Netzwerken sein, aber auf alle Fälle eine Menge Benutzerkonten. Diese ganzen Hinterlassenschaften als Daten werden auch als »digitaler Nachlass« bezeichnet.

Der digitale Nachlass geht, genauso wie Ihre Vermögenswerte, an die von Ihnen bestimmten Erben. Hätten Sie beispielsweise ein Streaming-Abo laufen, müssten die Erben dieses Abo kündigen, damit keine weiteren Kosten entstehen. Wie Sie Ihren digitalen Nachlass regeln, ist Gegenstand dieses Kapitels.

8.1 Was gehört zu Ihrem digitalen Nachlass?

Im Sommer 2018 wurde vom Bundesgerichtshof ein Urteil gesprochen, das den digitalen Nachlass dem normalen Erbe gleichstellt. Geklagt wurde von den Eltern eines verstorbenen Teenagers gegen Facebook. Das soziale Netzwerk wollte damals nicht den direkten Zugriff auf das gesperrte Facebook-Konto ermöglichen. Die Eltern bekamen recht und erhielten den gewünschten Zugriff.

Nutzen Sie selbst einen Computer und das Internet? Dann wird Ihr eigener digitaler Nachlass alles andere als gering sein. Ich selbst habe, als Autor zahlreicher Computerbücher, Hunderte Benutzerkonten sowie unzählige Daten auf meinen verschiedenen Computern und mobilen Geräten. Vielleicht geht es Ihnen ebenso?

Bevor Sie sich der Regelung Ihres digitalen Nachlasses widmen, lassen Sie uns erst einmal festhallen, was alles dazugehört. Bestandteile Ihres digitalen Nachlasses können sein:

- **Digitale Geräte:** Zu Ihrem digitalen Nachlass zählen diejenigen Geräte, auf denen Sie persönliche Daten digital speichern, also z. B. Ihr Notebook, Ihr Smartphone, Ihr Tablet-PC, aber auch Speichermedien wie eine externe Festplatte, USB-Speichersticks oder Daten-CDs.
- **Software:** Ebenfalls zum digitalen Nachlass gehören die auf den Geräten installierte Software sowie Softwarelizenzen, die Sie erworben haben. Anders sieht es etwa bei

Aktivitäten auf dem Computer und im Internet bringen eine Menge Daten mit sich, die dann als »digitaler Nachlass« auf Ihre Erben übergehen.

E-Books sowie Musik- oder Videodateien aus – wenn diese im Internet »gekauft« werden, wird häufig lediglich ein nicht übertragbares Nutzungsrecht erworben.

- **Lokal gespeicherte Dateien:** Der digitale Nachlass umfasst alle auf Ihren digitalen Geräten lokal gespeicherten Dateien, also etwa Word-Dokumente, Excel-Tabellen, Bilddateien, Musik, Filme usw. Auch das Urheberrecht geht auf den Erben über, also etwa das Urheberrecht an den von Ihnen selbst mit dem Smartphone aufgenommenen und auf diesem gespeicherten Fotos.
- **Im Internet gespeicherte Dateien:** Haben Sie Dateien im Internet – in der Cloud – gespeichert, zählen diese ebenfalls zum digitalen Nachlass. Für die Dateien gilt, im Hinblick auf das Urheberrecht usw., das Gleiche wie für die lokal gespeicherten Dateien.
- **Benutzerkonten:** Auch alle Ihre Benutzerkonten – lokal oder im Internet – zählen zu Ihrem digitalen Nachlass. Also etwa Ihre E-Mail-Konten und die darin enthaltenen Daten, Ihre Benutzerkonten bei sozialen Netzwerken wie Facebook oder Twitter und die darin enthaltenen Daten, Ihre Benutzerkonten bei Onlineshops und die darin enthaltenen Daten, Zugriff auf Ihre Onlinekonten und digitale Bezahldienste usw.
- **Digitale Abos:** Ebenfalls zum digitalen Nachlass zählen im Internet abgeschlossene Abos etwa zum Streamen von Filmen oder Musik.
- **Eigene Webseiten:** Haben Sie im Internet eigene Webseiten veröffentlicht oder z. B. Beiträge in einem Blog (egal ob eigener oder fremder Blog), dann gehören auch diese zu Ihrem digitalen Nachlass.

Ich habe in Kryptowährungen investiert. Kann ich diese ebenfalls vererben?

Wenn Sie in sogenannte Kryptowährungen wie z. B. Bitcoin oder Ethereum investieren, müssen Sie sich darüber klar sein, dass diese ebenfalls nur digital vorhanden sind. Damit die Kryptowährungen vererbt werden können, müssen Sie Ihren Erben also unbedingt entsprechende private Keys bzw. Onlinewallets zugänglich machen, andernfalls würden die Kryptowährungen schlimmstenfalls unrettbar verloren gehen.

So verschaffen Sie sich einen Überblick über Ihren digitalen Nachlass

In der Regel wissen Sie, über welche digitalen Geräte Sie verfügen, und im Normalfall wissen Sie zumindest im Groben, welche Daten sich darauf befinden. Aber haben Sie noch den Überblick über all Ihre Benutzerkonten im Internet? Wissen Sie noch, wo Sie sich im Lauf der Jahre überall registriert haben?

Der erste Schritt zum Regeln Ihres digitalen Nachlasses besteht darin, sich zunächst einmal

8.1 Was gehört zu Ihrem digitalen Nachlass?

selbst einen Überblick zu verschaffen, wo Sie überall Daten gespeichert haben und um welche Daten es sich handelt. Nehmen Sie dazu einige Blatt Papier zur Hand und notieren Sie die Namen aller Anbieter, bei denen Sie registriert sind. Falls Ihnen nicht mehr alle Anbieter einfallen, bieten sich Ihnen verschiedene Möglichkeiten.

Eine Möglichkeit besteht darin, sich alle E-Mails durchzuschauen, die Sie erhalten haben. Die Registrierung bei einem Internetanbieter wird in der Regel über Ihr E-Mail-Konto verifiziert, sodass Sie über entsprechende Bestätigungsmails (aber auch spätere Werbemails usw.) die unterschiedlichen Anbieter in Erfahrung bringen können.

Ein weiteres Hilfsmittel, die nicht mehr erinnerten Benutzerkonten herauszufinden, können gespeicherte Passwörter sein. Wenn Sie sich auf einer Webseite oder in einer App anmelden, wird Ihnen vom Computer, Smartphone usw. in der Regel das Speichern des entsprechenden Passworts angeboten.

Der Zugriff auf diese Passwörter kann zum Beispiel im von Ihnen verwendeten Webbrowser, aber auch über die entsprechenden Betriebssystemfunktionen Ihres Computers oder mobilen Gerätes erfolgen. Darüber hinaus gibt es Passwortmanager-Software von Drittanbietern, die Sie zum Verwalten Ihrer Passwörter einsetzen können.

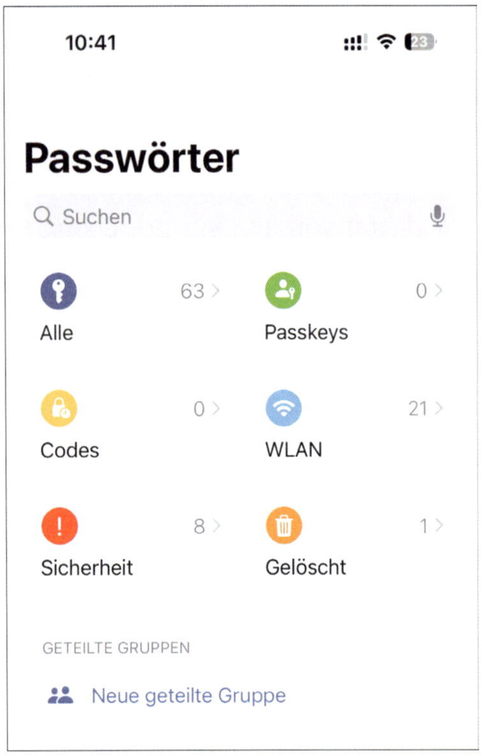

Hier wurde – als Beispiel – die App »Passwörter« auf einem iPhone aufgerufen, um einen Überblick über die unterschiedlichen Benutzerkonten zu erhalten.

Oder speichern Sie Ihre Passwörter nicht digital, sondern in einem kleinen Büchlein, das Sie in Ihrem Tresor einschließen oder an einem versteckten Ort aufbewahren? Dann kann Ihnen in analoger Form natürlich auch dieses Büchlein dazu dienen, sich einen Überblick über die von Ihnen angelegten Benutzerkonten zu verschaffen.

Schließlich könnte auch noch der Verlauf der von Ihnen besuchten Webseiten Aufschluss darüber geben, welche Onlinebenutzerkonten Sie angelegt haben – auch dann, wenn Sie das entsprechende Passwort nicht gespeichert haben sollten. Auf den Verlauf der besuchten Webseiten greifen Sie direkt im jeweiligen Webbrowser zu.

Wichtig ist, dass Sie am Ende einen möglichst genauen Überblick erhalten. Notieren Sie also auch solche Anbieter, die Sie eventuell schon einige Jahre lang nicht mehr genutzt haben.

So bringen Sie vergessene Passwörter in Erfahrung

Ein weiteres Problem kann nun darin bestehen, dass Sie zwar wissen, dass Sie auf einer bestimmten Seite über ein Benutzerkonto verfügen. Sie haben jedoch das Zugangspasswort vergessen. Auch in diesem Fall kann Ihnen der Zugriff auf Ihre gespeicherten Benutzerkonten nützlich sein, denn im Webbrowser bzw. in Anmeldeinformationsverwaltung und Co. lassen sich in der Regel auch die vergessenen Passwörter wieder anzeigen.

Hier lasse ich mir als Beispiel im Webbrowser Chrome ein vergessenes Passwort anzeigen – dazu ist dann aber noch die Eingabe des Anmeldepassworts erforderlich.

Da dies kein Computerbuch sein soll, kann ich Ihnen an dieser Stelle keine genauen Schrittanleitungen bieten, wie Sie zu den jeweiligen Passwortverwaltungen gelangen.

Es seien lediglich einige Beispiele genannt; bitte haben Sie Verständnis, dass spezielle Begrifflichkeiten hier nicht erklärt werden können:

- Webbrowser Chrome: In dieser Software klicken Sie rechts oben auf das Symbol mit den drei Punkten und entscheiden sich dann für *Einstellungen*. Nun klicken Sie links auf *Autofill* und schließlich auf *Google-Passwortmanager*.

8.1 Was gehört zu Ihrem digitalen Nachlass?

- Anmeldeinformationsverwaltung: Die Anmeldeinformationsverwaltung auf einem Windows-Computer rufen Sie auf, indem Sie mit der Suchfunktion in der Taskleiste nach *Anmeldeinformationsverwaltung* suchen und das entsprechende Systemsteuerungselement anklicken.

- Passwörter (Mac): Die auf einem Mac oder einem anderen Apple-Gerät gespeicherten Passwörter finden Sie in der App *Passwörter*.

Falls Sie ein Passwort nicht gespeichert haben sollten und dieses vergessen, bleibt immer noch die Möglichkeit, das Passwort wiederherzustellen. Dazu wird, wenn Sie eine Anmeldeseite aufrufen, im Normalfall eine entsprechende Option angezeigt, die etwa »Passwort vergessen?« oder »Benötigen Sie Hilfe beim Einloggen?« lauten könnte.

Der Vorgang bei der Wiederherstellung eines Passworts ist häufig der, dass Sie eine E-Mail an die E-Mail-Adresse erhalten, mit der Sie sich beim jeweiligen Anbieter registriert haben. In der E-Mail befindet sich dann ein Link, der Sie auf eine Seite zur Wiederherstellung des Passworts führt.

Meistens können Sie aber nicht das alte, sowieso vergessene Passwort beibehalten, sondern Sie werden zum Eingeben eines neuen Passworts aufgefordert.

Ja, das ist aufwendig. Aber es sollte doch ein Aufwand sein, den Sie selbst betreiben sollten, denn Ihre Erben können sich sicherlich auch reizvollere Beschäftigungen vorstellen.

Ist es sinnvoll, für jedes Benutzerkonto das gleiche Passwort zu verwenden?

Grundsätzlich gilt: Verwenden Sie für jedes Benutzerkonto möglichst ein eigenes und in jedem Fall sicheres Passwort, das aus Groß- und Kleinbuchstaben, Ziffern sowie Sonderzeichen bestehen sollte. In der Vergangenheit wurden schon viele Onlineanbieter »gehackt« und Benutzerdaten wurden entwendet. Nutzen Sie für alle Benutzerkonten das gleiche Passwort, würde ein Hacker mit einem gestohlenen Passwort Zugriff auf alle Ihre Benutzerkonten erhalten.

So schaffen Sie bereits zu Lebzeiten Ordnung in Ihrem digitalen Nachlass

Sich einen vollständigen Überblick über alle Ihre digitalen Benutzerkonten und die zugehörigen Passwörter zu verschaffen, sind nur die ersten Schritte. Ein weiterer Schritt besteht darin, alle nicht benötigten Benutzerkonten, aber auch unnötige Dateien, die Sie lokal oder im Internet gespeichert haben, zu löschen und diesen Aufwand nicht später Ihren Erben zu überlassen.

Zwar liegt es mir fern, hier als eine Art digitaler Marie Kondō – eine berühmte japanische Ordnungsberaterin – aufzutreten. Jedoch bin ich, als jahrelanger Computernutzer, der Meinung, dass ein PC und andere digitale Geräte genauso aufgeräumt werden sollten wie ein Haus oder ein Zimmer. Misten Sie in regelmäßigen Abständen aus! Sie werden staunen, was sich im Lauf der Zeit an digitalem Ballast anhäuft. Das Ganze können Sie durchaus mit dem Ausmisten Ihres Kleiderschranks oder Dachbodens vergleichen.

Beginnen Sie das Ausmisten mit den Dateien, die Sie lokal und gegebenenfalls im Internet – in der Cloud – gespeichert haben. Behalten Sie, frei nach Marie Kondō, nur solche Dateien, die Sie tatsächlich brauchen oder die Ihnen Freude machen. Müssen Sie wirklich 2.000 Fotos von einem Urlaub aufbewahren oder genügen 100 ausgewählte? Welche Briefe und anderen Dokumente sind bereits lange »verjährt«? Und was hat sich sonst noch alles an Datenballast angesammelt. Gehen Sie einfach einmal gründlich mit dem digitalen Kehrbesen über Ihre Dateien.

Ähnliches gilt für Ihre Benutzerkonten und natürlich besonders digitale Abos. Welche davon benötigen Sie wirklich und welche können Sie getrost kündigen? Natürlich macht es nicht gerade viel Spaß, Hunderte Benutzerkonten auf einmal zu löschen. Das kostet Zeit und Energie. Aber nehmen Sie sich doch zum Beispiel vor, am Ende jeder Computersitzung ein nicht mehr benötigtes Benutzerkonto zu löschen – dann sind es innerhalb eines Jahres auch ein paar Hundert.

Das Löschen von Benutzerkonten erfolgt, je nach Anbieter, auf unterschiedliche Weise. Manchmal findet sich eine entsprechende Funktion zum Löschen in den Einstellungen einer Seite. Manchmal ist es aber auch erforderlich, eine individuelle E-Mail an den Anbieter zu senden. Eine solche E-Mail könnte (unter Angabe Ihres Benutzernamens) zum Beispiel wie folgt lauten:

Sehr geehrte Damen und Herren,

hiermit kündige ich mein Benutzerkonto XYZ zum nächstmöglichen Zeitpunkt.
Bitte löschen Sie alle mit dem Benutzerkonto verbundenen Daten.

Mit freundlichen Grüßen
Paul Mustermann

Behalten Sie nur solche Dateien, Benutzerkonten und andere Daten, die Sie tatsächlich nutzen bzw. deren Aufbewahrung sinnvoll ist. Das schmälert die Aufstellung, die Sie mit dem Formular anlegen, das Ihnen im Formularteil zur Weitergabe Ihres digitalen Nachlasses angeboten wird, und den Aufwand, den Ihre Erben mit Ihrem digitalen Nachlass haben werden.

8.2 Wichtige Fragen und Antworten
zum Thema digitaler Nachlass

Wenn Sie sich, so wie oben empfohlen, eine Zeit lang mit Ihren ganzen Daten und Benutzerkonten beschäftigen, werden Sie feststellen, dass der digitale Nachlass eine ganze Welt für sich ist. Den digitalen Nachlass auf- und auszuräumen, ist vergleichbar mit einer Haushaltsauflösung. Dazu haben Sie sicher noch einige Fragen, die ich im Folgenden beantworte. Wie in den vorherigen Kapiteln stellt die Überschrift jeweils eine Frage, die im zugehörigen Text beantwortet wird.

Wie kann ich bestimmen, wer meinen digitalen Nachlass regeln soll?

Der digitale Nachlass gehört, wie Ihre Vermögenswerte und Ihre persönlichen Gegenstände, zu Ihrem Nachlass. Entsprechend sind Ihre Erben diejenigen, die sich auch um den digitalen Nachlass zu kümmern haben. Entsprechend können Sie den digitalen Nachlass auch in Ihr Testament (vgl. Kapitel 7) aufnehmen und in einer entsprechenden Passage festlegen, wer sich darum kümmern soll, welche Daten gelöscht werden sollen usw. Die zweite Möglichkeit besteht in einer über Ihren Tod hinaus gültigen Vollmacht, die Sie ebenfalls handschriftlich verfassen können.

Eine entsprechende Passage im Testament könnte beispielsweise lauten:

> *Zu meinem Erbe gehört auch ein digitaler Nachlass, um den sich mein Sohn Jonathan Mustermann, geboren am 9.5.1987, wohnhaft im Starenweg 48, 823733 Musterlingen, kümmern soll. Ein Dokument mit einer Liste meiner digitalen Geräte und mit den entsprechenden Zugangsdaten ist in meinem Tresor hinterlegt.*

Statt einer solchen allgemeinen Passage könnten Sie auch noch festlegen, welche Daten gelöscht und welche behalten werden sollen. Theoretisch könnten Sie die verschiedenen Benutzerkonten auch direkt im Testament aufführen, jedoch ist es übersichtlicher, diese in einem gesonderten Dokument anzulegen, wie Sie es im Formularteil finden.

Ebenfalls im Formularteil finden Sie eine »digitale Vollmacht«, mit der Sie eine Person bevollmächtigen können, nach Ihrem Tod Ihren digitalen Nachlass zu regeln – als Alternative zur Regelung des digitalen Nachlasses im Testament. Bedenken Sie in diesem Zusammenhang, dass das Regeln eines digitalen Nachlasses mitunter einen erheblichen Aufwand mit sich bringen kann und daher entsprechend honoriert werden sollte.

Welchen Aufwand bringt ein digitaler Nachlass denn genau mit sich?

Die Personen, die sich um Ihren digitalen Nachlass zu kümmern haben, sind wahrlich nicht zu beneiden. Denn es warten eine Reihe von Aufgaben auf sie, die ich Ihnen an dieser Stelle vorstellen möchte.

Zunächst einmal braucht es einen Zugriff auf jedes einzelne digitale Gerät und jedes einzelne Benutzerkonto. Mit einer von Ihnen erarbeiteten Aufstellung der Zugangsdaten ist dieser Punkt relativ schnell abgehakt. Würde es an den entsprechenden Zugangsdaten fehlen, müsste der Zugriff beim jeweiligen Anbieter – unter Vorlage entsprechender Unterlagen – extra beantragt werden.

Hat Ihr digitaler Erbe bzw. digitaler Nachlassverwalter Zugriff auf Ihre Geräte und Benutzerkonten, geht die Arbeit erst richtig los. Denn nun müssen die verschiedenen Inhalte gesichtet werden, außerdem muss geprüft werden, ob digitale Abos gekündigt werden müssen oder andere Aktivitäten erforderlich sind.

Besonders hoch kann der Aufwand des Sichtens bei einem E-Mail-Postfach sein. Denn dort sind viele E-Mails gespeichert und es kommen immer wieder neue E-Mails hinzu. Die E-Mails müssen gelesen und gegebenenfalls beantwortet werden – das kostet eine Menge Zeit.

Nach dem Sichten der Inhalte stellt sich die Frage, welche der Daten gesichert werden sollen, also zum Beispiel die gerade genannten E-Mails oder auch Bilder, die in einem sozialen Netzwerk veröffentlicht wurden. Welche davon sollen auf einem Datenträger mit Ihrem digitalen Erbe abgelegt werden? Sollen bestimmte Inhalte an hinterbliebene Verwandte und Freunde weitergeleitet werden? Auch solche Fragen müssen sich die Personen stellen, die sich mit Ihrem digitalen Nachlass befassen.

Im Idealfall werden alle Daten, die erhalten bleiben sollen, auf einem einzigen Datenträger gespeichert, etwa einer externen Festplatte. Dann können die Daten von allen digitalen Geräten sowie aus dem Internet sorgfältig gelöscht werden. Benutzerkonten werden aufgelöst.

Ganz zum Schluss wäre noch zu prüfen, welche Spuren Sie im Internet immer noch hinterlassen, und gegebenenfalls sind die Betreiber einzelner Webseiten dazu aufzufordern, diese zu beseitigen. Auch das bedeutet einen erheblichen Aufwand.

Mit dieser Darstellung soll nur bekräftigt werden, was ich in diesem Kapitel schon habe anklingen lassen: Ordnen Sie Ihre digitalen Hinterlassenschaften am besten schon zu Lebzeiten, um später nicht Ihre Erben damit zu belasten.

8.2 Wichtige Fragen und Antworten zum Thema digitaler Nachlass

Müssen meine Benutzerkonten nach meinem Tod unbedingt gelöscht werden?

Statt ein Benutzerkonto zu löschen, kann dieses natürlich auch weiterlaufen, wenn es denn keine Kosten verursacht. Ich möchte in diesem Zusammenhang die Möglichkeiten des sozialen Netzwerks Facebook vorstellen, in dem sich Milliarden Menschen weltweit präsentieren, vernetzen und austauschen.

Hier können Sie das Benutzerkonto zum einen regulär löschen. Dazu klicken Sie rechts oben auf der Facebook-Seite auf Ihr Profilbild bzw. den Bildplatzhalter, wählen *Einstellungen und Datenschutz* und dann *Einstellungen*. Entscheiden Sie sich anschließend links für den Eintrag *Deine Facebook-Informationen* und schließlich für *Deaktivieren und Löschen*, um die Option zum Löschen des Facebook-Benutzerkontos zu erhalten.

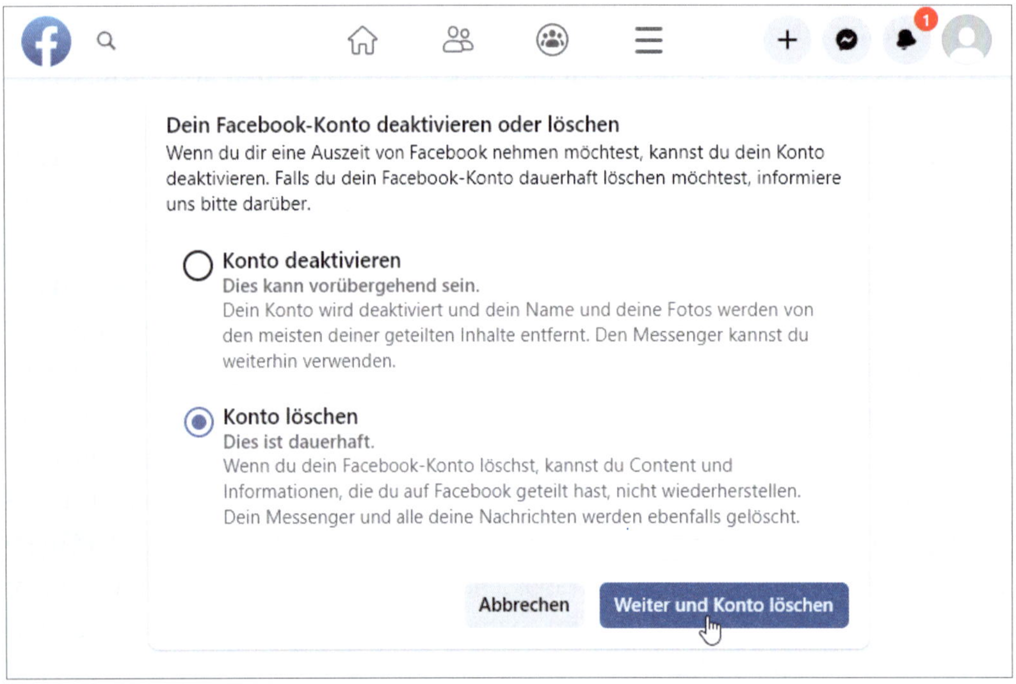

Zum regulären Löschen eines Facebook-Benutzerkontos sind nur wenige Schritte erforderlich.

Zum anderen bietet Facebook aber auch die Möglichkeit an, einen »Gedenkzustand« einzurichten sowie einen Nachlasskontakt festzulegen, der sich im Todesfall um das Facebook-Benutzerkonto kümmert.

Um einen Nachlasskontakt auszuwählen, entscheiden Sie sich rechts oben auf der Facebook-Seite ebenfalls für das Profilbild bzw. den Bildplatzhalter, wählen *Einstellungen und Datenschutz* und dann *Einstellungen*. Klicken

Sie nun unter *Allgemein* bei *Einstellungen für den Gedenkzustand* auf *Bearbeiten* und machen Sie Angaben zu Ihrem Nachlasskontakt.

Damit ein Facebook-Konto in den Gedenkzustand versetzt wird, ist das Hochladen eines entsprechenden Todesnachweises notwendig, etwa der Sterbeurkunde, einer Todesanzeige oder einer Trauerkarte. Das würde unter dieser Webadresse erfolgen: https://www.facebook.com/help/contact/651319028315841.

Klären Sie mit der Person, die sich um Ihren digitalen Nachlass kümmern soll, in jedem Fall auch solche Fragen, also ob ein Benutzerkonto einfach gelöscht werden soll oder ob Sie sich – sofern verfügbar – einen Gedenkzustand wie etwa bei Facebook wünschen.

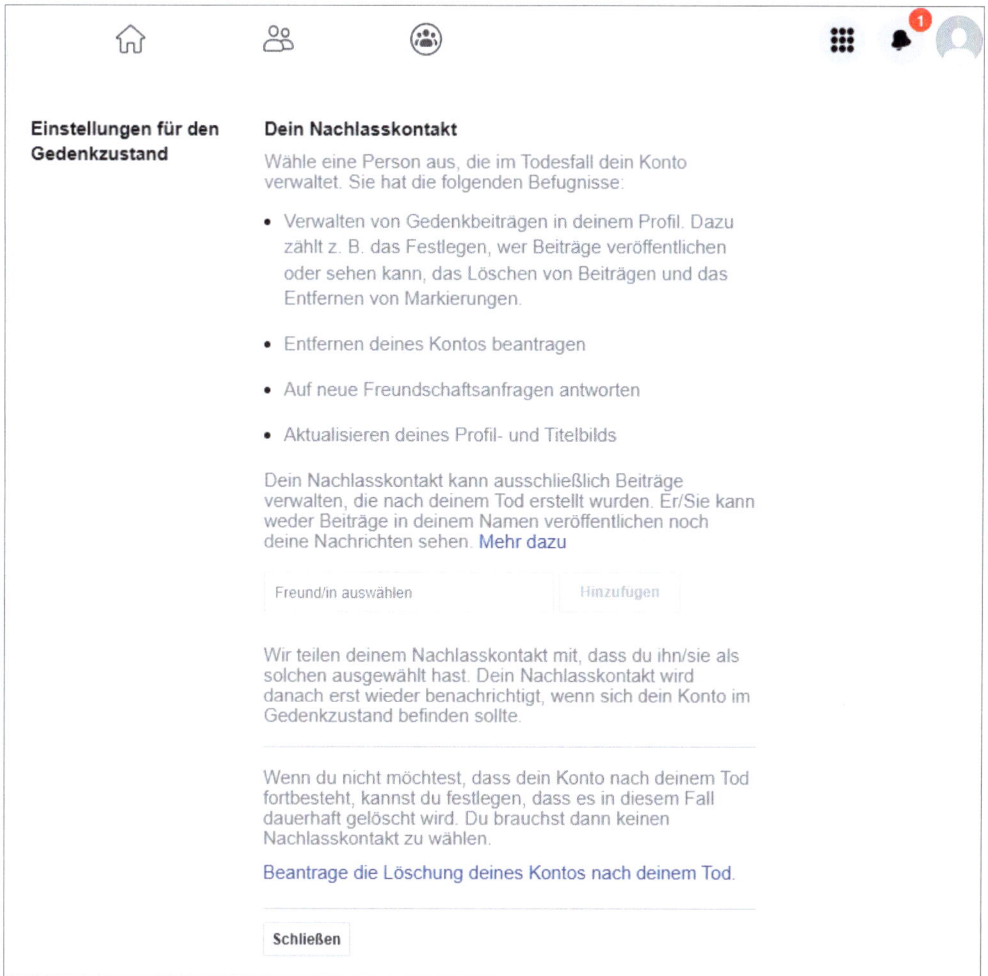

In den Facebook-Einstellungen lässt sich ein Nachlasskontakt festlegen.

8.2 Wichtige Fragen und Antworten
zum Thema digitaler Nachlass

Kann ich ein Benutzerkonto bei Inaktivität auch automatisch löschen lassen?

Bei einigen Anbietern, etwa Google, können Sie festlegen, was mit Ihrem Benutzerkonto geschehen soll, wenn Sie dieses in einem von Ihnen festgelegten Zeitraum nicht nutzen. Ob diese Option bei einem Anbieter besteht, müssten Sie jeweils anfragen. Den Google-Kontoinaktivität-Manager rufen Sie unter der folgenden Webadresse auf: https://myaccount.google.com/inactive.

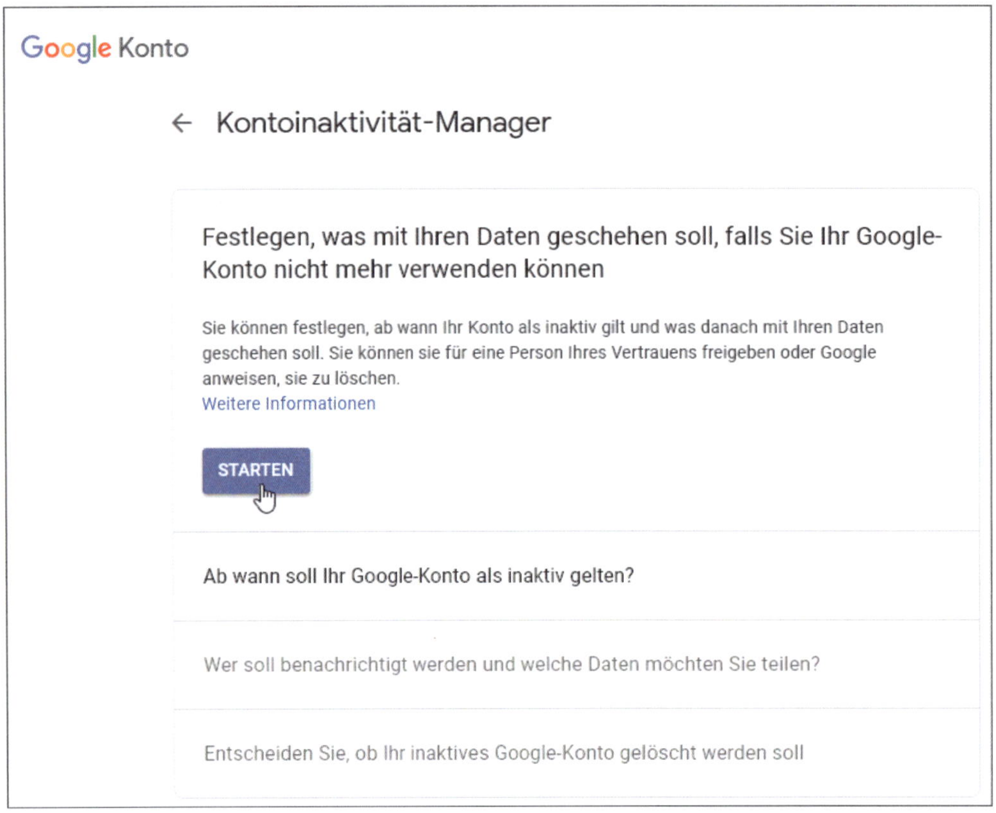

Bei Google können Sie festlegen, was bei einer längeren Inaktivität Ihres Benutzerkontos geschehen soll, z. B. das Benachrichtigen einer Person oder das Löschen des Benutzerkontos.

Kann ich meine Passwörter auch digital speichern?

Statt ein Formular mit Ihren Zugangsdaten auszufüllen, wie ich es Ihnen im Formularteil anbieten werde, könnten Sie Ihre Passwörter zum Beispiel auch auf einem USB-Speicherstick ablegen. Sie könnten dann entweder den Zugriff auf diesen USB-Speicherstick oder die darauf gespeicherte Datei mit den Zugangsdaten – etwa eine Excel-Tabelle – mit einem Passwort schützen. Ob USB-Speicherstick, Papierformular oder Sonstiges: Die Liste mit den Zugangsdaten soll zwar geschützt aufbewahrt, aber im Ernstfall problemlos aufgefunden werden!

Was muss ich bei der Aufbewahrung meiner verschiedenen Zugangsdaten beachten?

Kurz gesagt: Die Zugangsdaten haben die höchste Sicherheitsstufe, vergleichbar mit der Geheimzahl Ihrer Bankkarte. Bewahren Sie diese so auf, dass zu Ihren Lebzeiten keine andere Person herankommt, also zum Beispiel in einem Tresor oder in einem Bankschließfach.

Andererseits müssen Sie gewährleisten, dass die Zugangsdaten nach Ihrem Tod in die richtigen Hände gelangen. Geben Sie der entsprechenden Person Hinweise zum Aufbewahrungsort der Zugangsdatenliste, damit diese im Ernstfall Bescheid weiß und mit der Regelung Ihres digitalen Nachlasses beginnen kann.

Gibt es Dienstleister, die meinen digitalen Nachlass regeln könnten?

Falls Sie die Regelung Ihres digitalen Nachlasses nicht Ihren Erben oder einem Bevollmächtigten zumuten wollen, können Sie auch einen entsprechenden Dienstleister damit beauftragen. Wenn Sie beispielsweise nach »Dienstleister Digitaler Nachlass« googeln, spüren Sie entsprechende Dienstleister auf. Auf diese Weise gefundene Anbieter müssen Sie aber genauestens auf ihre Vertrauenswürdigkeit hin überprüfen sowie natürlich auch die Kosten vergleichen. Den Unternehmen sollten aber weder digitale Geräte noch Passwörter übergeben werden. Inzwischen bieten übrigens auch immer mehr Bestattungsinstitute eine digitale Nachlassverwaltung an.

9

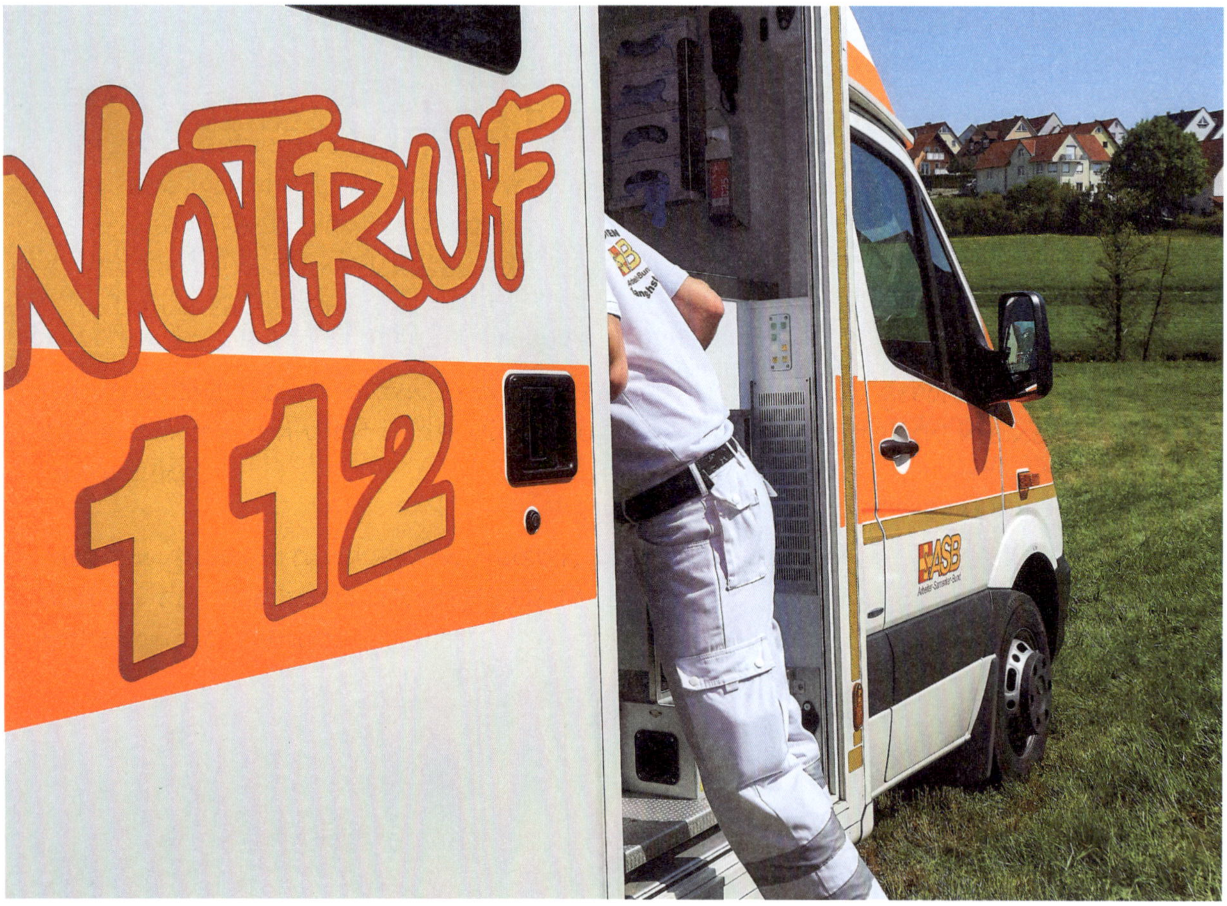

Auf einen Blick: Notfallkontakte,

Versicherungen und weitere wichtige Adressen

Ähnlich wie Ihre Daten im Zusammenhang mit dem digitalen Nachlass, der in Kapitel 8 behandelt wurde, sollten Sie auch wichtige Notfallkontakte und andere Adressen übersichtlich auflisten, damit diese im Ernstfall nicht mühselig zusammengeklaubt werden müssen.

Darum soll es in diesem Kapitel gehen. Lassen Sie uns dieses Thema zunächst näher eingrenzen und außerdem die Frage stellen, welche Versicherungen für die Vorsorge zu empfehlen wären. Im Formularteil biete ich Ihnen dann ein Formular, in dem Sie Ihre Notfallkontakte, die Kontakte Ihrer Versicherungen sowie weitere wichtige Adressen sammeln können.

9.1 Welche Adressen sollte ich für den Ernstfall bereitstellen?

Tritt ein Notfall ein, wäre es zunächst gut, wenn die Rettungskräfte oder andere Helfer einen Erstkontakt hätten, den sie über Ihren Zustand informieren könnten. Das sollte eine Ihnen sehr nahestehende, vertrauenswürdige Person sein, die dann verschiedene organisatorische Dinge erledigen kann wie das Informieren weiterer Personen oder das Besorgen von Unterlagen aus Ihrer Wohnung.

Im Idealfall verfügt dieser Notfall-Erstkontakt über einen Zweitschlüssel für Ihre Wohnung, sodass keine Zeit damit verloren geht, sich erst anderweitig Zugang zu verschaffen.

Wenn dann bestimmte Fälle eintreten sollten wie zum Beispiel ein Koma, sind weitere Kontakte und Adressen gefragt: vom Hausarzt über den Notar und Versicherungen bis zum Vorsorgebevollmächtigten. Eine entsprechende Kontaktliste legen Sie für die optimale Vorsorge selbst an, damit die Adressen nicht in einer langwierigen Aktion aus zahlreichen Ordnern und Unterlagen zusammengetragen werden müssen.

So informieren Sie Ihre Helfer über Ihren Notfall-Erstkontakt

Wenn Sie eine Person im Sinn haben, die sich als Notfall-Erstkontakt eignet, zum Beispiel Ihre Tochter, dann sollten Sie in einem ersten Schritt mit dieser Person über das Thema sprechen und ihr eventuell einen Zweitschlüssel für die Wohnung übergeben, der im Notfall zum Einsatz kommen darf.

Die einfachste Variante, Ihre Helfer über Ihren Notfall-Erstkontakt zu informieren, bestünde dann darin, in Ihrer Brieftasche einen kleinen Zettel mit den Daten des Kontaktes aufbewahren, also zum Beispiel:

Bitte im Notfall kontaktieren:

Lisa Beispiel
Föhrenweg 19
767361 Beispielhausen
Telefon: 01234/56789

Eine umfangreichere Variante, die auch auf Patientenverfügung, Organspendeverfügung und Co. verweist, wären Notfallhinweise für die Brieftasche. Ein Formular hierfür finden Sie im Formularteil.

Falls Sie über ein Smartphone verfügen und dieses regelmäßig bei sich tragen, können Sie den Zugriff auf Ihren Notfall-Erstkontakt auch in elektronischer Form anbieten.

Auf einem iPhone wählen Sie dazu in den *Einstellungen* den Eintrag *Notruf SOS* und anschließend *Notfallkontakte in Health einrichten*. Auf einem Android-Smartphone würden Sie sich in den *Einstellungen* unter *Über das Telefon* für den Eintrag *Notfallinformationen* entscheiden. Die Notfallinformationen können dann jeweils auf dem Sperrbildschirm des Smartphones eingeblendet werden.

Der elektronische Notfallpass bietet zwar den Vorteil, dass Sie noch zahlreiche weitere Gesundheitsdaten anbieten können, etwa Ihre Blutgruppe. Andererseits wird ein einfacher Zettel wahrscheinlich schneller gefunden, als dass auf dem Smartphone nachgeschaut wird.

Zur Sicherheit können Sie auch mehrere Varianten gleichzeitig verwenden.

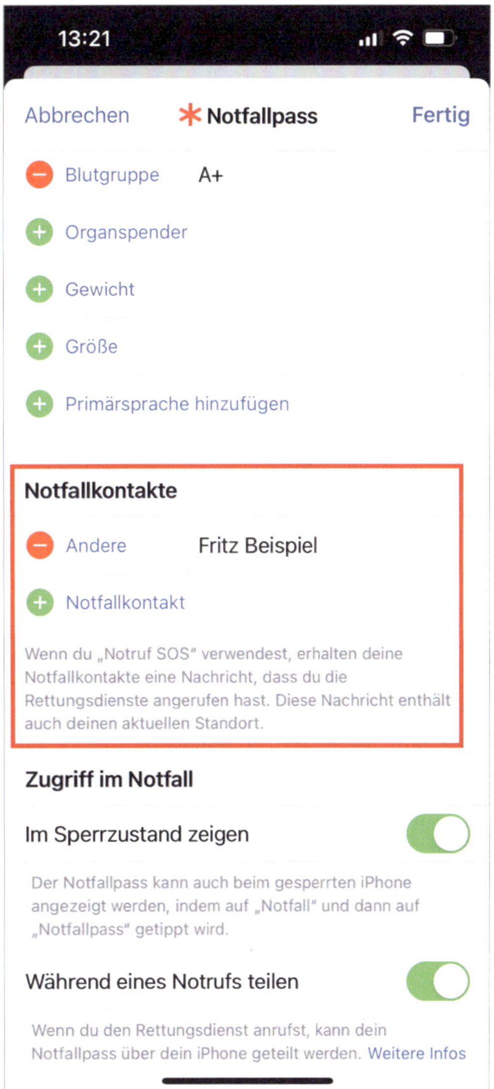

Hier wird ein Notfallkontakt auf einem iPhone hinzugefügt.

9.1 Welche Adressen sollte ich für den Ernstfall bereitstellen?

So informieren Sie Ihre Angehörigen und Bevollmächtigten über Ihre wichtigen Adressen

Nun können auch weitere Adressen wichtig werden, eben von all denjenigen Personen, Behörden oder sonstigen Stellen, die im Ernstfall benachrichtigt werden müssen. Diese Kontakte stellen Sie in einem weiteren Dokument zusammen, das Sie zu Hause zusammen mit Ihren anderen Vorsorgeunterlagen aufbewahren (vgl. Kapitel 10). Um welche Kontakte handelt es sich in diesem Zusammenhang insbesondere? Hier eine Aufstellung:

- Lebenspartner und Verwandte, also Ehegatten, Kinder, Geschwister, Eltern oder andere Verwandte, mit denen Sie engeren Kontakt pflegen.

- Freunde, Bekannte, Vereine, also Personen oder Gruppen, die sich Sorgen machen würden, wenn Sie sich plötzlich nicht mehr melden.

- Bevollmächtigte bzw. Betreuer, also die Personen, denen Sie eine Vorsorgevollmacht erteilt oder die Sie als Ihren Betreuer vorgeschlagen haben.

- Versicherungen und Behörden, die in bestimmten Fällen informiert werden müssen, also z. B. eine Plegezusatzversicherung.

- Ärzte, bei denen Sie in Behandlung sind, also Ihr Hausarzt, aber eventuell auch bestimmte Fachärzte.

- Stellen, an die Sie regelmäßige Zahlungen leisten, z. B. Ihr Vermieter, Ihr Stromanbieter oder Zeitschriften, die Sie abonniert haben.

- Sonstige Kontakte, die in keine der oben genannten Kategorien passen, z. B. das zuständige Pfarramt oder ein möglicher Arbeitgeber.

Da kommt eine ganze Menge zusammen! Mit dem Formular für Notfalladressen, das Sie im Formularteil finden, können Sie alle für Sie wichtigen Adressen auf einfache Weise übersichtlich zusammenstellen.

9.2 Welche Versicherungen sind für die Vorsorge zu empfehlen?

Wenn Sie sich mit dem Thema Vorsorge beschäftigen, stellen Sie sich sicherlich auch die Frage, welche Versicherungen in diesem Zusammenhang sinnvoll sind. Ein absolutes Muss sind eine Krankenversicherung sowie eine Pflegeversicherung und natürlich auch eine Absicherung fürs Alter in Form einer Rentenversicherung. Sollten Sie nicht gesetzlich versichert sein, sorgen Sie für eine private Absicherung!

Doch bieten sich auch noch weitere Versicherungen an, die zum Teil bereits in den vorherigen Kapiteln erwähnt wurden. Neben einer Privathaftpflichtversicherung, die sowieso jeder haben sollte, bieten sich zur Vorsorge unter anderem die folgenden Versicherungen an:

Eine Risikolebensversicherung: Mit einer solchen Versicherung sichern Sie eine andere Person, zum Beispiel Ihren Ehepartner, für den Fall Ihres Todes ab. Sterben Sie, wird der mit der Versicherung vereinbarte Betrag an die von Ihnen bestimmte Person ausbezahlt. Das ist nicht zu verwechseln mit einer Kapitallebensversicherung, die zum Ansparen bestimmter Beträge gedacht ist – im Vergleich mit einer Kapitallebensversicherung gäbe es aber sicherlich cleverere Anlagealternativen.

Eine Pflegezusatzversicherung: Da die Leistungen der gesetzlichen Pflegeversicherung unter Umständen nicht Ihre tatsächlichen Pflegekosten decken würden, könnten Sie eine Pflegezusatzversicherung in Erwägung ziehen. Eine solche Versicherung ist allerdings mit hohen monatlichen Beträgen verbunden. Eine Alternative wäre, diese Beträge für die spätere Pflege monatlich selbst anzusparen.

Außer der Krankenversicherung können noch verschiedene andere Versicherungen für die eigene Vorsorge nützlich sein.

9.2 Welche Versicherungen sind für die Vorsorge zu empfehlen?

Eine Krankenzusatzversicherung: Eine solche Versicherung kann Ihnen eine bessere Behandlung im Krankheitsfall verschaffen, etwa die Behandlung durch einen Chefarzt. In diese Kategorie gehört auch die Zahnzusatzversicherung, die Ihnen bei der Finanzierung von Zahnersatz helfen kann. Doch brauchen Sie eine besondere Behandlung? Und könnten Sie das Geld für den Zahnersatz nicht selbst ansparen?

Sterbegeldversicherung: Diese Versicherung wurde bereits in Kapitel 6 zum Thema Bestattungsverfügung erwähnt. Sie kann später einmal Ihre Bestattung bezahlen. Dafür zahlen Sie einen monatlichen Betrag, der in der Regel mit wachsendem Alter deutlich steigt. Auch in diesem Zusammenhang könnten Sie erwägen, das Geld für die eigene Bestattung selbst anzusparen und zur Seite zu legen.

Reisekrankenversicherung: Besonders dann, wenn Sie außerhalb Europas unterwegs sind, ist eine Reisekrankenversicherung unbedingt zu empfehlen, die unter anderem einen Rücktransport aus Ihrem Reiseland zurück in die Heimat ermöglichen soll. Lesen Sie auf jeden Fall das entsprechende Kleingedruckte!

Je nach Ihrer Lebenssituation können noch zahlreiche weitere Versicherungen erforderlich sein, etwa eine Wohngebäudeversicherung oder eine Kfz-Versicherung. Des Weiteren könnten Sie sich mit einer Unfallversicherung und einer Berufsunfähigkeitsversicherung weitere Netze schaffen.

Wägen Sie selbst in Ruhe ab, welche Versicherungen Sie tatsächlich brauchen und wo Sie lieber selbst Geld ansparen möchten. Denken Sie hierbei daran, dass wir in einem Sozialstaat leben, in dem niemand hängen gelassen wird – d. h. selbst dann, wenn Sie nicht selbst für jede klitzekleine Möglichkeit vorsorgen, bleibt für Ihr Existenzminimum gesorgt.

Aufgepasst im Gespräch mit Versicherungsvertretern!

Falls Sie planen, für Ihre Vorsorge zusätzliche Versicherungen abzuschließen, sollten Sie sich in jedem Fall schon vorher überlegen, welche Versicherungen Sie tatsächlich benötigen. Lassen Sie sich von einem Versicherungsvertreter beraten, haben Sie ansonsten zum Schluss womöglich mehr Versicherungen, als Sie benötigen. Denn der Versicherungsvertreter verdient mit jedem Abschluss.

Mit der folgenden Checkliste können Sie sich einen Überblick darüber verschaffen, über welche Versicherungen Sie bereits verfügen bzw. welche Versicherungen Sie noch abschließen sollten.

Versicherungen bei Krankheit, Pflege und Tod

- ☐ (Gesetzliche) Krankenversicherung
- ☐ (Gesetzliche) Pflegeversicherung
- ☐ Pflegezusatzversicherung
- ☐ Krankenzusatzversicherung
- ☐ Zahnzusatzversicherung
- ☐ Sterbegeldversicherung
- ☐ Reisekrankenversicherung
- ☐ Risikolebensversicherung

Sonstige Versicherungen

- ☐ Privathaftpflichtversicherung
- ☐ Wohngebäudeversicherung
- ☐ Kfz-Versicherung
- ☐ Berufsunfähigkeitsversicherung
- ☐ Unfallversicherung
- ☐ ____________________
- ☐ ____________________
- ☐ ____________________
- ☐ ____________________
- ☐ ____________________
- ☐ ____________________
- ☐ ____________________
- ☐ ____________________

10

Ihre Formulare und anderen Unterlagen

perfekt aufbewahren

Wenn Sie nun eine Reihe von Vorsorgedokumenten erstellt haben, gilt es, diese so aufzubewahren, dass sie im Ernstfall nicht erst lange gesucht werden müssen. Um dieses Thema geht es in diesem Kapitel. Sie werden darin zum einen das Anlegen eines Notfallordners kennenlernen, zum anderen machen Sie sich auch mit digitalen Aufbewahrungsmöglichkeiten vertraut. Doch beim geordneten Aufbewahren Ihrer Vorsorgeunterlagen sollte es nicht bleiben.

Gehen Sie ruhig auch einmal Ihre sonstigen Unterlagen gründlich durch und misten Sie aus, was nicht mehr benötigt wird. Diejenigen Dokumente, die Sie weiterhin brauchen, sortieren Sie thematisch mithilfe von Ordnern. Denn Sie wissen ja – zumindest ist es in diesem Buch schon mehrfach angeklungen: Der Aufwand, den Sie nicht selbst beim Ausmisten und Ordnen betreiben, bleibt später bei Ihren Angehörigen bzw. Erben hängen.

10.1 In einem Notfallordner alle Vorsorgeunterlagen übersichtlich sammeln

Ihre Vorsorgeunterlagen bewahren Sie bitte nicht in einem Schuhkarton auf und auch nicht kreuz und quer verstreut zwischen sonstigen Dokumenten. Stattdessen vereinen Sie die Vorsorgeunterlagen übersichtlich in einem Ordner oder in einer Mappe.

Ein schmaler Hefter bzw. eine schmale Mappe würde für die Unterlagen im Normalfall ausreichen, jedoch bietet ein größerer Ordner aufgrund des breiten Rückens eine bessere Sichtbarkeit. Der Ordnerrücken könnte einschlägig beschriftet und zum Beispiel mit einem roten Kreuz versehen werden, sodass er in einem Regal hervorsticht. Auch könnte für diesen Ordner eine Signalfarbe wie Rot verwendet werden, während die eventuell vorhandenen anderen Ordner gedecktere Farben wie etwa Grau aufweisen.

In Ihren Notfallordner gehören alle Vorsorgeunterlagen, die nicht gesondert geschützt werden müssen und auf die im Ernstfall rasch zugegriffen werden soll, also zum Beispiel Ihre Patientenverfügung, Ihre Organspendeverfügung, Ihre Betreuungsverfügung oder Vorsorgevollmacht usw.

Dokumente, die besonders zu schützen sind, etwa die Liste mit Ihren Zugangsdaten für die Regelung Ihres digitalen Nachlasses oder gegebenenfalls ein Testament, sollten Sie gesondert aufbewahren, etwa in Ihrem Tresor oder in einem Bankschließfach. Auf diese Dokumente würden Sie dann im Notfallordner nur verweisen, zum Beispiel mit einem handgeschriebenen Papier:

Mein Testament sowie eine Liste mit den Zugangsdaten zum Regeln meines digitalen Nachlasses befinden sich in meinem Bankschließfach bei der Musterbank.

So sollte es nicht sein: Auf Vorsorgeunterlagen soll rasch, ohne langes Suchen zugegriffen werden können. Sammeln Sie diese übersichtlich in einem Notfallordner!

Führen Sie den Notfallordner ordentlich. Ich empfehle, jedes Dokument in eine Klarsichthülle zu stecken, um es vor Beschädigungen oder Verschmutzungen zu schützen. Ein Register könnte das schnelle Nachschlagen erleichtern. Der Ordner (bzw. die Mappe) sollte in jedem Fall einschlägig beschriftet werden. Sinnvoll wäre auch ein Inhaltsverzeichnis ganz vorn – eine entsprechende Vorlage erhalten Sie im Formularteil.

Nachdem Sie Ihren Notfallordner angelegt haben, informieren Sie Ihre näheren Angehörigen sowie mögliche Betreuer oder Bevollmächtigte darüber, wo Sie den Ordner aufbewahren, also zum Beispiel »im obersten Regalfach in meinem Büro«, »in der unteren Schublade des Schlafzimmerschranks« o. Ä. An dem von Ihnen benannten Ort sollte der Notfallordner dann auch ständig zur Verfügung stehen.

Sie selbst sollten Ihre Vorsorgeunterlagen in regelmäßigen Abständen – zum Beispiel einmal jährlich oder einmal in jedem halben Jahr – noch einmal durchgehen, um festzustellen, ob alle Angaben noch Ihren Wünschen entsprechen oder ob Anpassungen erforderlich sind, etwa bei der Patientenverfügung oder beim Testament.

10.2 Digitale Aufbewahrungsmöglichkeiten für Ihre Vorsorgeunterlagen

Was Ihre Verfügungen oder Vollmachten betrifft, so gilt, dass diese von Ihnen eigenhändig unterschrieben werden müssen, um rechtlich wirksam zu sein. Das bedeutet, die Papierform ist Pflicht, und einen Notfallordner, wie gerade beschrieben, sollten Sie in jedem Fall angelegt haben.

Zusätzlich könnten Sie die Dokumente aber auch einscannen, sodass sie als Dateien zur Verfügung stehen würden, die Sie dann etwa auf einem kleinen USB-Speicherstick oder einer SD-Speicherkarte stets bei sich tragen könnten. Es gibt sogar Notfall-Armbänder, die eine solche Speichermöglichkeit bieten. Wichtig ist auch in diesem Fall, das Medium entsprechend zu beschriften und zu kennzeichnen.

Des Weiteren werden im Internet diverse digitale Speichermöglichkeiten für Ihre Vorsorgeunterlagen angeboten. Wie vertrauenswürdig das ist, müsste im Einzelfall geklärt werden. Notwendig ist es jedenfalls nicht, deshalb kann ich es an dieser Stelle auch nicht empfehlen.

Sehr sinnvoll ist hingegen eine Einrichtung der Bundesnotarkammer, nämlich das Zen-

trale Vorsorgeregister für Ihre Betreuungsverfügung, Vorsorgevollmacht sowie Patientenverfügung. Das ist nicht ganz kostenlos, ermöglicht jedoch im Ernstfall einen möglichst schnellen Zugriff auf wichtige Vorsorgeunterlagen. Neu seit dem 01.01.2023 ist, dass nicht mehr nur Betreuungsgerichte Einsicht in die im Vorsorgeregister hinterlegten Dokumente erhalten können, sondern auch behandelnde Ärzte.

Das Zentrale Vorsorgeregister rufen Sie unter der Webadresse www.vorsorgeregister.de auf. Die Registrierung Ihrer Vorsorgeunterlagen schlug bei Redaktionsschluss mit einem Betrag ab 20,50 Euro (bei Onlineregistrierung und Lastschrift) zu Buche, zuzüglich 3,50 Euro pro weiterer Vertrauensperson. Für die Onlineregistrierung wählen Sie auf dieser Webseite *Privatpersonen* und dann *Jetzt registrieren*. Machen Sie anschließend im Onlineformular Ihre individuellen Angaben.

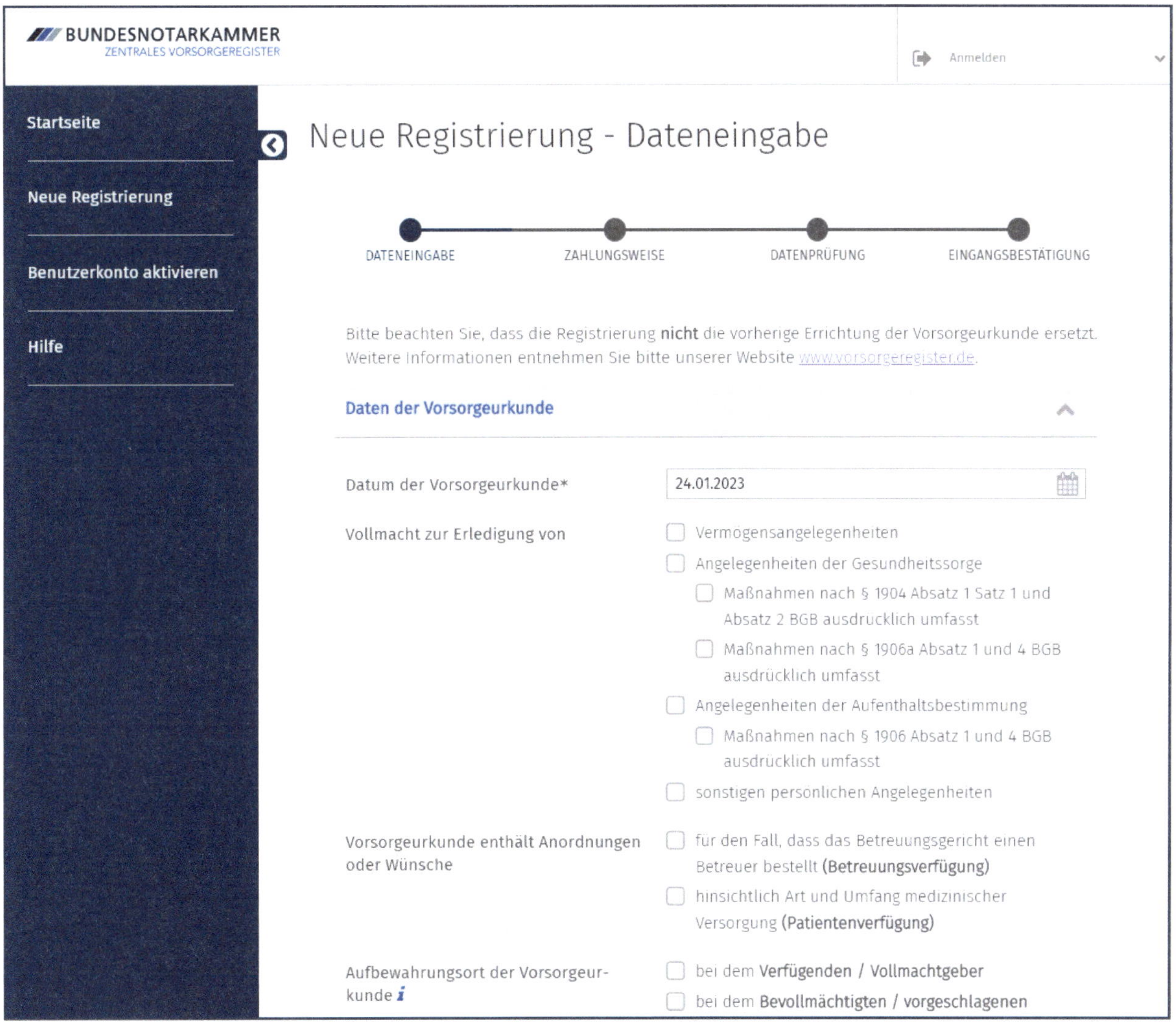

Im Zentralen Vorsorgeregister können Sie wichtige Vorsorgeunterlagen gegen einen geringen Betrag registrieren und so im Ernstfall den Zugriff darauf erleichtern.

Neben dem zentralen Vorsorgeregister betreibt die Bundesnotarkammer übrigens auch ein Zentrales Testamentsregister, über das Sie sich unter der Webadresse www.testamentsregister.de näher informieren können. Dort können letztwillige Verfügungen registriert werden, jedoch nicht von Ihnen als Privatperson, sondern nur von Notaren und Gerichten.

Anhang: Nützliche Webadressen

für weitere Informationen

Sie sind nun fast am Ende dieses Buches angelangt. Ich hoffe, dass ich Ihnen mit den Informationen und Formularen bei Ihren eigenen Vorsorgeplanungen helfen konnte. In diesem Anhang finden Sie nützliche Webadressen für weitere Informationen.

Auf den folgenden Webseiten können Sie weitere Informationen finden oder bei Bedarf Beratung anfordern. Bei speziellen Problemen würden Sie eine Google-Suche mit den Schlüsselbegriffen des Problems ausführen – Sie können sich fast sicher sein, dass auch andere Personen schon mit ähnlichen Problemen zu kämpfen hatten und sich im Internet darüber austauschen. Beachten Sie bitte, dass es sich bei den Webadressen um eine Auswahl handelt – um weitere Webadressen einer Kategorie aufzuspüren, würde ebenfalls Google weiterhelfen.

Gesetze, Gerichte, Notare, Anwälte

- Bürgerliches Gesetzbuch: https://www.gesetze-im-internet.de/bgb
- Sozialgesetzbuch XI: http://www.gesetze-im-internet.de/sgb_11
- Gerichtssuche: https://justiz.de
- Notarsuche: https://www.notar.de
- Anwaltssuche: https://www.anwalt24.de

Beratung und Unterstützung zum Thema Vorsorge

- Verbraucherzentralen: https://www.vzbv.de/ueber-uns/organisation/mitglieder
- Deutsche Stiftung Patientenschutz: https://www.stiftung-patientenschutz.de
- Caritas (mit Onlineberatung): https://www.caritas.de/hilfeundberatung/ratgeber/alter/pflege/patientenverfuegung-und-vorsorgevollmacht

Beratung und Unterstützung zum Thema Pflege

- Wege zur Pflege: https://www.wege-zur-pflege.de
- Online-Ratgeber Pflege: https://www.bundesgesundheitsministerium.de/themen/pflege/online-ratgeber-pflege
- Zentrum für Qualität in der Pflege: https://www.zqp.de
- Selbsthilfeorganisation »Wir pflegen!«: https://www.wir-pflegen.net
- AOK-Pflegenavigator: https://www.aok.de/pk/pflegenavigator/

Rente und Versicherungen

- Deutsche Rentenversicherung: https://www.deutsche-rentenversicherung.de
- Altersvorsorge: https://www.ihre-vorsorge.de
- Versicherungsvergleich: https://www.check24.de

Sonstige nützliche Webadressen

- Bürgertelefon: https://www.bundesgesundheitsministerium.de/service/buergertelefon.html
- AOK-Krankenhaussuche: https://www.aok.de/pk/krankenhaus-in-der-naehe/
- Arztsuche und Ärztebewertung: https://www.jameda.de
- Organspende: https://www.organspende-info.de
- Bestattersuche: https://www.bestatter.de

Abbildungsverzeichnis

Seite 8	© pressfoto – Freepik.com
Seite 10	© Fernando Zhiminaicela – Pixabay.de
Seite 12	© pasja1000 – Pixabay.de
Seite 17	© Marten Bjork – Unsplash.com
Seite 18	© Hannah Olinger – Unsplash.com
Seite 19	© moritz320 – Pixabay.de
Seite 20	© reeel, Zerbor – Adobe Stock
Seite 21	© Gerd Altmann – Pixabay.de
Seite 23	© Drazen Zigic – Freepik.com
Seite 26	© pasja1000 – Pixabay.de
Seite 29	© Wilson Sanchez – Unsplash.com
Seite 30	© Birgit Reitz-Hofmann – Adobe Stock
Seite 31	© Stefan Schranz – Pixabay.de
Seite 33	© Sasin Tipchai – Pixabay.de
Seite 36	© 4clients – Pixabay.de
Seite 37	© pasja1000 – Pixabay.de
Seite 38	© Gerd Altmann – Pixabay.de
Seite 39, 40	© reeel, Zerbor – Adobe Stock
Seite 42	© reeel, Zerbor – Adobe Stock
Seite 44	© Gundula Vogel – Pixabay.de
Seite 46	© Parentingupstream –Pixabay.de
Seite 49–51	© reeel, Zerbor – Adobe Stock
Seite 53	© silviarita – Pixabay.de
Seite 55	© reeel, Zerbor – Adobe Stock
Seite 58	© Hans Hansen – Pixabay.de
Seite 59	© Carolyn Booth – Pixabay.de
Seite 62	© rihaij – Pixabay.de
Seite 65	© Petra – Pixabay.de
Seite 66	© Scott Graham – Unsplash.com
Seite 67	© Gerd Altmann – Pixabay.de
Seite 68	© reeel, Zerbor – Adobe Stock
Seite 69	© Gerd Altmann – Pixabay.de
Seite 71	© Michael Schwarzenberger – Pixabay.de
Seite 73	© reeel, Zerbor – Adobe Stock
Seite 76	© Candid Shots – Pixabay.de
Seite 79	© S. Hermann & F. Richter – Pixabay.de
Seite 88	© Gerd Altmann – Pixabay.de
Seite 89	© Christine Sponchia – Pixabay.de
Seite 90	© pasja1000 – Pixabay.de
Seite 97	© Sabrina Eickhoff – Pixabay.de
Seite 102	© LMoonlight – Pixabay.de
Seite 103	© congerdesign – Pixabay.de
Seite 105	© Mike Flynn – Pixabay.de
Seite 106	© Deedster – Pixabay.de
Seite 107	© Michael Schwarzenberger – Pixabay.de
Seite 110	© Sharon McCutcheon – Unsplash.com
Seite 111	© moritz320 – Pixabay.de
Seite 112	© Mariann Szöke – Pixabay.de
Seite 113	© Claude Mangen – Pixabay.de
Seite 114	© kjpargeter – Freepik.com
Seite 124	© marijana1 – Pixabay.de

Index

W

Z

Formularteil:

Vordrucke zum Herausnehmen

Die Formulare sind mit einer Perforation versehen, sodass Sie diese aus dem Buch heraustrennen können. Um die Formulare unbeschädigt aus dem Buch herauszubekommen, falten Sie ein Blatt entlang der Perforation zunächst ein paar Mal hin und her und lösen es anschließend durch vorsichtiges seitliches Ziehen aus dem Buch. Vielleicht möchten Sie die Formulare im Buch belassen?

Dann gehen Sie auf die Webseite zum Buch: www.mut.de/pdf-book/2258
Auf der Webseite werden Ihnen die Formulare gesondert als PDF-Datei zur Verfügung gestellt, sodass Sie diese beliebig oft ausdrucken können. Zudem finden Sie auf der Webseite noch weitere Formulare zum Download. Bei Problemen mit dem Download wenden Sie sich bitte an info@mut.de.

Wichtige Hinweise zum Ausfüllen der Formulare

Bevor Sie mit dem Ausfüllen der Vorsorge-Formulare loslegen, beachten Sie bitte die folgenden wichtigen Hinweise.

- Ein Kreuzchen ist schnell gemacht, kann jedoch weitreichende Folgen haben. Machen Sie sich beim Ausfüllen der Formulare stets klare und ausführliche Gedanken über Ihre jeweiligen Wünsche. Bei Bedarf lassen Sie sich vor dem Ausfüllen zusätzlich von einer geeigneten Stelle beraten, z. B. von einem Arzt oder Rechtsanwalt.
- Die von Ihnen ausgewählten Inhalte dürfen sich nicht widersprechen. Kreuzen Sie also z. B. nicht gleichzeitig an (dies ist wirklich nur ein sehr einfaches Beispiel), dass Sie eine Dialyse (Blutwäsche) wünschen und nicht wünschen. Aus den sich widersprechenden Angaben ließe sich keine Entscheidung ableiten.
- Und noch einmal der wichtige Hinweis, dass ein Dokument nur dann rechtskräftig ist, wenn Sie es mit einer Ortsangabe sowie dem aktuellen Datum versehen und eigenhändig mit Ihrem Vor- und Zunamen unterschreiben.

Patientenverfügung

Mit dem Formular der Patientenverfügung erstellen Sie Ihre individuelle Patientenverfügung, erklären also rechtskräftig Ihre Behandlungswünsche für solche möglichen Fälle, in denen Sie nicht mehr selbst entscheiden können, etwa aufgrund von Bewusstlosigkeit oder Demenz.

Dem Formular wurden die Bausteine zugrundegelegt, die vom Bundesministerium der Justiz und für Verbraucherschutz in einer Publikation zum Thema Patientenverfügung vorgeschlagen werden. Den Wortlaut und die Struktur der Bausteine habe ich ein wenig verändert, aber natürlich ohne die wesentlichen Inhalte zu verfälschen.

Nehmen Sie sich für das Ausfüllen des Formulars gründlich Zeit und gehen Sie bei jedem Punkt in die Vorstellung der entsprechenden Situation. Wägen Sie die aufkommenden Emotionen mit Ihren ganz individuellen Wertvorstellungen ab. Viele Menschen möchten z. B. im Sterbeprozess eine optimale Schmerzbehandlung erhalten, lehnen es jedoch ab, auf Teufel komm raus künstlich am Leben erhalten zu werden, wenn keine Hoffnung mehr auf Besserung besteht.

Da auch heute noch Corona-Viren durch die Luft schwirren, habe ich zusätzlich zu dem Formular einer allgemeinen Patientenverfügung auch ein Formular für eine Patientenverfügung im Fall einer Covid-19-Erkrankung erstellt.

Organspendeverfügung

Mit dem Formular zum Erstellen Ihrer individuellen Organspendeverfügung ergänzen Sie Ihre Patientenverfügung. Wie bereits in Kapitel 3 erläutert, empfiehlt es sich, zusätzlich mindestens einen oder mehrere Organspendeausweise auszufüllen und einen Organspendeausweis für den Ernstfall stets bei sich zu tragen. Es sind Ihre Organe: Sie können selbst bestimmen, was damit geschehen soll – nicht nur zu Ihren Lebzeiten, sondern auch nach Ihrem Tod.

Pflegeverfügung

Obwohl die Pflegeverfügung ein inoffizielles Dokument ist, versehen Sie diese – wie die offiziellen Verfügungen – mit Ihren persönlichen Daten und Ihrer Unterschrift. Überlegen Sie sich vor dem Ausfüllen des Formulars zunächst einmal genau, wie Sie sich Ihre ideale Pflege vorstellen, was Ihnen dabei wichtig ist und was genau Sie vom Pflegepersonal und Ihren Angehörigen erwarten.

Betreuungsverfügung, Vorsorgevollmacht, Bankvollmacht, Postvollmacht

Zum Thema Betreuung bzw. Bevollmächtigung erwarten Sie gleich mehrere Formulare, die ich Ihnen in einer kurzen Übersicht vorstellen möchte, bevor Sie darangehen, diese in Ruhe auszufüllen.

- Betreuungsverfügung: Mit einer Betreuungsverfügung schlagen Sie dem Betreuungsgericht einen Betreuer für sich selbst vor. Die Entscheidung, ob die von Ihnen genannte Person als Betreuer geeignet ist, liegt beim Gericht. Sofern möglich, wird dem Wunsch in einer Betreuungsverfügung jedoch Folge geleistet.
- Ehegattennotvertretung: Machen Sie von diesem Formular gemäß dem am 1. Januar 2023 in Kraft getretenen Notvertretungs-

recht Gebrauch, wenn Ihr nicht getrennt lebender Ehegatte weder eine Betreuungsverfügung noch Vorsorgevollmacht erstellt hat, nun aber der Ernstfall eingetreten ist.

- Vorsorgevollmacht: Mit der Vorsorgevollmacht erteilen Sie die unterschiedlichen Vollmachten, die zum Regeln Ihrer Angelegenheiten erforderlich sind. Wie bereits geschrieben, könnten Sie getrennte Vollmachten z. B. für Gesundheits- und Vermögensangelegenheiten vergeben.

- Vorsorgevollmacht (Innenverhältnis): Während die eigentliche Vollmacht das sogenannte »Außenverhältnis« umfasst, also die Anwendungsgebiete der Vorsorgevollmacht, regeln Sie das »Innenverhältnis« mit einem weiteren Formular. Im Innenverhältnis bestimmen Sie, wann die Vorsorgevollmacht Gültigkeit erlangen soll und wie bei mehreren Bevollmächtigten zu verfahren ist. Bezüglich des Innenverhältnisses können Sie außerdem eine Aufwandsentschädigung für den bzw. die Bevollmächtigten festlegen.

- Bankvollmacht: Eine Vollmacht für den Zugriff auf Ihr Girokonto oder auch mehrere Konten und Depots erstellen Sie gesondert. Der Bevollmächtigte kann dann in Ihrem Namen Zahlungen für Sie tätigen oder auch ein regelmäßiges Taschengeld für Sie abheben. Neben der Bankvollmacht, die in diesem Buch als Formular angeboten wird, könnten Sie auch eine Bankvollmacht erteilen, die bankintern beglaubigt wird. Das Thema der bankintern beglaubigten Bankvollmacht würden Sie direkt mit Ihrer Bank oder Sparkasse besprechen.

- Postvollmacht: Auch eine Vollmacht für den Zugriff auf Ihre Post können Sie bei Bedarf gesondert erstellen, falls Sie diese getrennt von einer allgemeinen Vorsorgevollmacht erteilen möchten, um z. B. dem vertrauenswürdigen Nachbarn den Zugriff auf Ihre Post zu ermöglichen.

Den Formularen habe ich teilweise Inhalte zugrundegelegt, die vom Bundesministerium der Justiz und für Verbraucherschutz in einer Publikation zum Thema Betreuungsrecht vorgeschlagen werden. Den Wortlaut und die Struktur habe ich in meinen eigenen Formularen zwar ein wenig verändert, die wesentlichen Inhalte habe ich dabei aber natürlich nicht verfälscht.

Bestattungsverfügung

Mit dem Formular, mit dem Sie Ihre individuelle Bestattungsverfügung erstellen, können Sie alles rund um Ihre eigene Bestattung festlegen. Wie bereits geschrieben, ist die Bestattungsverfügung eine letztwillige Verfügung. Für eine rechtskräftige Variante könnten Sie die Bausteine handschriftlich auf Papier übertragen und zusätzlich Zeugen unterschreiben lassen. In aller Regel sollte für eine Bestattungsverfügung die Willensbekundung in einem einfachen Formular aber ausreichend sein. Begeben Sie sich nun also einmal in die Vorstellung Ihrer eigenen Bestattung. Das kann ein emotionaler Vorgang sein, bringt Ihnen aber auch die notwendige Klarheit über Ihre Bestattungswünsche. Schauen Sie sich ruhig auch einmal auf einem Friedhof um und stellen Sie fest, welche Gräber Sie ganz besonders ansprechen.

Digitaler Nachlass

Zum Thema digitaler Nachlass folgen zwei Formulare, nämlich ein Formular, mit dem Sie einer Person, die Ihren digitalen Nachlass regeln soll, eine entsprechende Vollmacht erteilen, sowie ein Formular, in dem Sie Ihrem »digitalen Nachlassverwalter« eine Übersicht über alle Ihre digitalen Geräte sowie Benutzerkonten verschaffen.

Wichtig im Zusammenhang mit dieser Übersicht: Halten Sie die Liste aktuell! Streichen Sie nicht mehr vorhandene digitale Geräte oder Benutzerkonten durch, fügen Sie neue Geräte oder Benutzerkonten der Liste hinzu. Sie werden schnell feststellen, dass diese Übersicht nicht nur für die Person nützlich sein wird, die Ihren digitalen Nachlass zu regeln hat, sondern auch bereits für Sie zu Ihren Lebzeiten.

Beachten Sie beim Erstellen Ihrer Benutzerkonten-Übersicht, dass einige Benutzerkonten in mehrere Kategorien passen könnten, z. B. kann ein Google-Konto für die Kommunikation, aber auch zum Speichern von Dateien, für den Zugriff auf gekaufte Musik und Filme usw. verwendet werden. Entscheiden Sie sich dann jeweils für diejenige Kategorie, die am besten passt.

Notfallhinweise und Notfallkontakte

Auch zu diesem Thema gibt es zwei Formulare, nämlich ein Formular für Notfallhinweise, die Sie in Ihrer Brieftasche bei sich tragen können, sowie ein Formular zum Eintragen und Bereithalten aller wichtigen Notfallkontakte. Das Sammeln und Eintragen aller Kontakte ist ganz schön mühevoll und zeitraubend – doch es lohnt sich, so einen Überblick zu haben.

Zu den Formularen habe ich noch kleinere Anmerkungen. Beim Formular für Notfallhinweise haben Sie die Möglichkeit, unter »Sonstige Notfallhinweise« individuelle Informationen an Hilfskräfte aufzuschreiben, z. B. Ihre Blutgruppe, Hinweise zu Allergien oder bestimmten Erkrankungen usw.

Beim Formular für Ihre Notfallkontakte wird Ihnen ebenfalls bei jedem Eintrag ein Punkt »Sonstiges« angeboten. Dort können Sie weitere Informationen zu einem Kontakt aufschreiben, z. B. Erreichbarkeitshinweise, einen Hinweis zur Verwandtschaftsbziehung, bei einer Versicherung die Versicherungsnummer usw.

Inhaltsverzeichnis für Ihre Vorsorgeunterlagen

Das Inhaltsverzeichnis für Ihre Vorsorgeunterlagen platzieren Sie ganz vorn in Ihrem Notfallordner bzw. in Ihrer Vorsorgemappe. Behalten Sie die Reihenfolge in diesem Inhaltsverzeichnis bei, damit die Unterlagen bei Bedarf schnell aufgefunden werden. Kreuzen Sie die vorhandenen Unterlagen jeweils an.

Patientenverfügung

Hiermit erkläre ich,

______________________________ VORNAME(N) UND NACHNAME

______________________________ STRASSE UND HAUSNUMMER

______________________________ POSTLEITZAHL UND WOHNORT

______________________________ GEBURTSDATUM

meinen Willen (Patientenverfügung) im Hinblick auf Untersuchungen meines Gesundheitszustands, Heilbehandlungen oder ärztliche Eingriffe für den Fall, dass ich einmal nicht mehr dazu in der Lage bin, diesen Willen selbst (verständlich) zu äußern bzw. selbst darüber zu entscheiden.

Exemplarische Situationen, in denen diese Patientenverfügung gelten soll

Nachfolgend sind einige exemplarische Situationen aufgeführt, in denen die Patientenverfügung gelten soll. Eine oder mehrere Situationen, in denen meine Patientenverfügung jeweils gelten soll, habe ich angekreuzt.

Diese Patientenverfügung soll gelten, wenn ich ...

☐ mich im unmittelbaren Sterbeprozess befinde, der aller Wahrscheinlichkeit nach nicht mehr abgewendet werden kann.

☐ mich im Endstadium einer tödlichen und unheilbaren Krankheit befinde, und zwar auch dann, wenn der Zeitpunkt des Todes noch nicht absehbar sein sollte.

☐ wegen einer Schädigung meines Gehirns meine Fähigkeit aller Wahrscheinlichkeit nach unwiederbringlich verloren habe, Einsichten zu gewinnen, Entscheidungen zu fällen und mit anderen Personen Kontakt aufzunehmen, und zwar auch dann, wenn der Zeitpunkt des Todes noch nicht absehbar sein sollte. Diese Wahrscheinlichkeit soll von mindestens zwei erfahrenen Ärztinnen oder Ärzten eingeschätzt werden. Es spielt dabei keine Rolle, ob mein Gehirn direkt geschädigt wurde, z. B. durch einen Schlaganfall, einen Unfall oder eine Entzündung, oder aber indirekt, z. B. nach einem Lungenversagen, einem Schock oder einer Wiederbelebung. Mir ist bewusst, dass auch in einem solchen Zustand der Gehirnschädigung meine Fähigkeit, Empfindungen zu haben, erhalten sein kann. Das Aufwachen aus diesem Zustand ist zwar unwahrscheinlich, jedoch nicht sicher auszuschließen.

☐ wegen eines bereits weit fortgeschrittenen Hirnabbauprozesses (z. B. im Fall einer Demenzerkrankung) nicht mehr dazu in der Lage bin, Nahrung und Flüssigkeit auf natürliche Weise zu mir zu nehmen, und zwar auch nicht bei ausdauernder Hilfestellung.

☐ mich in der folgenden Situation befinde, die es mir nicht mehr ermöglicht, meinen Willen selbst zu äußern bzw. selbst zu entscheiden:

____

____

____

____

____

Meine Wünsche in Bezug auf lebenserhaltende Maßnahmen

In den oben beschriebenen exemplarischen Situationen wünsche ich (meine Auswahl erfolgt durch Ankreuzen) im Hinblick auf lebenserhaltende Maßnahmen, dass ...

☐ alles, was medizinisch möglich und sinnvoll ist, getan wird, um mich am Leben zu erhalten.

☐ sämtliche lebenserhaltenden Maßnahmen unterlassen werden. Jedoch wünsche ich eine menschenwürdige Unterbringung, Zuwendung und Körperpflege sowie die fachgerechte Pflege von Mund- und Schleimhäuten. Mein Hunger und Durst sollen auf natürliche Weise gestillt werden, gegebenenfalls durch Hilfestellung bei der Aufnahme von Nahrung und Flüssigkeit. Schmerzen, Atemnot, Angst, Übelkeit und andere belastende Symptome sollen gelindert werden. Meine diesbezüglichen Wünsche werden im Folgenden näher ausgeführt.

Meine Wünsche in Bezug auf die Behandlung von Schmerzen und Symptomen

In den oben beschriebenen exemplarischen Situationen wünsche ich (meine Auswahl erfolgt durch Ankreuzen) im Hinblick auf die Behandlung von Schmerzen und Symptomen, dass die Behandlung fachgerecht erfolgt. Dabei gilt, dass ...

☐ zur Linderung meiner Beschwerden auch eine Behandlung mit bewusstseinsdämpfenden Wirkungen durchgeführt werden soll, sofern alle anderen medizinischen Möglichkeiten zur Kontrolle von Schmerzen und Symptomen versagen.

☐ ich die unwahrscheinliche Möglichkeit in Kauf nehme, dass meine Lebenszeit durch Maßnahmen, die meine Schmerzen und Symptome lindern sollen, ungewollt verkürzt wird.

☐ bei der Schmerz- und Symptombehandlung <u>KEINE</u> Behandlung mit bewusstseinsdämpfenden Wirkungen durchgeführt werden soll.

Meine Wünsche in Bezug auf künstliche Ernährung und die Zufuhr von Flüssigkeit

In den oben beschriebenen exemplarischen Situationen wünsche ich (meine Auswahl erfolgt durch Ankreuzen) im Hinblick auf künstliche Ernährung und die Zufuhr von Flüssigkeit, dass ...

- ☐ eine künstliche Ernährung und Flüssigkeitszufuhr begonnen oder weitergeführt werden soll, um damit mein Leben zu verlängern.
- ☐ eine künstliche Ernährung und Flüssigkeitszufuhr nur zum Zweck der Beschwerdelinderung erfolgen soll, sofern diese palliativmedizinisch angezeigt ist.
- ☐ KEINE künstliche Ernährung und Flüssigkeitszufuhr erfolgen soll, und zwar unabhängig von der Art der künstlichen Zufuhr (z. B. venöse Zugänge oder Magensonde).

Meine Wünsche in Bezug auf Wiederbelebung

In den oben beschriebenen exemplarischen Situationen wünsche ich (meine Auswahl erfolgt durch Ankreuzen) im Hinblick auf Wiederbelebungsmaßnahmen, dass ...

- ☐ Wiederbelebungsmaßnahmen durchgeführt werden sollen.
- ☐ KEINE Wiederbelebungsmaßnahmen durchgeführt werden sollen.
- ☐ kein Notzarzt bzw. keine Notärztin gerufen wird; sollte ein Notarzt bzw. eine Notärztin gerufen werden, soll diese(r) sofort über meine Ablehnung von Wiederbelebungsmaßnahmen informiert werden.

Nicht nur in den oben beschriebenen exemplarischen Situationen, sondern in allen Fällen, in denen ein Atemversagen oder Kreislaufstillstand eintritt, wünsche ich (meine Auswahl erfolgt durch Ankreuzen) im Hinblick auf Wiederbelebungsmaßnahmen, dass ...

- ☐ Wiederbelebungsmaßnahmen nur dann durchgeführt werden, wenn diese Situationen im Zusammenhang mit ärztlichen Maßnahmen (z. B. bei einer Operation) unerwartet eintreten.
- ☐ KEINE Wiederbelebungsmaßnahmen durchgeführt werden sollen.

Meine Wünsche in Bezug auf künstliche Beatmung

In den oben beschriebenen exemplarischen Situationen wünsche ich (meine Auswahl erfolgt durch Ankreuzen) im Hinblick auf künstliche Beatmung, dass ...

- ☐ eine künstliche Beatmung erfolgen soll, wenn damit mein Leben verlängert werden kann.

☐ KEINE künstliche Beatmung erfolgen soll bzw. eine bereits begonnene künstliche Beatmung gestoppt wird, und zwar unter der Voraussetzung, dass ich Medikamente erhalte, die meine Luftnot lindern. Ich nehme hierbei in Kauf, dass diese Medikamente möglicherweise eine Bewusstseinsdämpfung bewirken und meine Lebenszeit ungewollt verkürzen könnten.

Meine Wünsche in Bezug auf künstliche Blutwäsche (Dialyse)

In den oben beschriebenen exemplarischen Situationen wünsche ich (meine Auswahl erfolgt durch Ankreuzen) im Hinblick auf künstliche Blutwäsche (Dialyse), dass ...

☐ eine künstliche Blutwäsche (Dialyse) erfolgen soll, wenn damit mein Leben verlängert werden kann.

☐ KEINE künstliche Blutwäsche (Dialyse) durchgeführt werden soll; eine gegebenenfalls bereits begonnene Dialyse soll eingestellt werden.

Meine Wünsche in Bezug auf die Gabe von Blut oder Blutbestandteilen

In den oben beschriebenen exemplarischen Situationen wünsche ich (meine Auswahl erfolgt durch Ankreuzen) im Hinblick auf die Gabe von Blut oder Blutbestandteilen, dass ...

☐ mir Blut oder Blutbestandteile verabreicht werden sollen, wenn damit mein Leben verlängert werden kann.

☐ mir Blut oder Blutbestandteile nur zum Zweck der Beschwerdelinderung verabreicht werden sollen, sofern dies palliativmedizinisch angezeigt ist.

☐ KEINE Gabe von Blut oder Blutbestandteilen erfolgen soll.

Meine Wünsche in Bezug auf das Verabreichen von Antibiotika

In den oben beschriebenen exemplarischen Situationen wünsche ich (meine Auswahl erfolgt durch Ankreuzen) im Hinblick auf das Verabreichen von Antibiotika, dass ...

☐ eine Behandlung mit Antibiotika erfolgen soll, wenn damit mein Leben verlängert werden kann.

☐ eine Behandlung mit Antibiotika nur zum Zweck der Beschwerdelinderung erfolgen soll, sofern dies palliativmedizinisch angezeigt ist.

☐ KEINE Behandlung mit Antibiotika erfolgen soll.

Entbindung von der ärztlichen Schweigepflicht

In den oben beschriebenen exemplarischen Situationen entbinde ich die Ärztinnen und Ärzte, die mich behandeln, von ihrer Schweigepflicht gebenüber den folgenden Personen, um diese über meinen Gesundheitszustand informieren zu dürfen:

____

____

Meine Wünsche in Bezug auf den Ort, an dem ich sterben möchte, sowie meinen Beistand

Nun erkläre ich (meine Auswahl erfolgt durch Ankreuzen) meine Wünsche für den Fall, dass ich mich im Sterbeprozess befinde.

Ich wünsche ...

☐ zu Hause bzw. in einer vertrauten Umgebung zu sterben, sofern dies möglich ist.

☐ in einem Hospiz zu sterben, sofern dies möglich ist.

☐ zum Sterben in einem Krankenhaus untergebracht zu werden.

Als Beistand wünsche ich ...

☐ folgende von mir benannte Person(en):

____

____

____

☐ eine Vertreterin bzw. einen Vertreter der folgenden Religions- oder Weltanschauungsgemeinschaft:

____

____

____

☐ eine Sterbebegleitung aus dem Hospiz.

Zur Verbindlichkeit, zur Auslegung, zur Durchsetzung sowie zum Widerruf meiner Patientenverfügung

Die folgenden Aussagen beziehen sich auf die Rechtskraft meiner Patientenverfügung und darauf, dass meine diesbezüglichen Wünsche erfüllt werden.

- Die mich behandelnden Ärztinnen und Ärzte sowie das gesamte Behandlungsteam sollen alle meine in dieser Patientenverfügung geäußerten Wünsche getreulich befolgen. Dafür, dass mein Patientenwille durchgesetzt wird, soll meine gesetzliche Vertreterin bzw. mein gesetzlicher Vertreter (z. B. Betreuer oder Bevollmächtigter) Sorge tragen.

- Für den Fall, dass eine mich behandelnde Ärztin, ein Arzt oder das Behandlungsteam nicht bereit sein sollte, meinem in dieser Patientenverfügung geäußerten Patientenwillen zu folgen, soll sofort für eine anderweitige Behandlung (medizinischer und/oder pflegerischer Natur) gesorgt werden. Dafür, dass meine Behandlung nach den Vorgaben dieser Patientenverfügung organisiert wird, soll meine gesetzliche Vertreterin bzw. mein gesetzlicher Vertreter (z. B. Betreuer oder Bevollmächtigter) Sorge tragen.

- Für den Fall, dass eine Lebens- bzw. Behandlungssituation eintritt, die in dieser Patientenverfügung nicht konkret genannt ist, soll mein mutmaßlicher Patientenwille von allen Beteiligten übereinstimmend ermittelt werden. Meine Patientenverfügung soll hierfür die Richtschnur bilden. Kommt es zu nicht übereinstimmenden Ansichten über die Anwendung oder Nichtanwendung ärztlicher bzw. pflegerischer Maßnahmen, soll die Ansicht folgender Person (meine Auswahl erfolgt durch Ankreuzen) besonders berücksichtigt werden:

  - ☐ meiner behandelnden Ärztin bzw. meines behandelnden Arztes
  - ☐ meiner Betreuerin bzw. meines Betreuers
  - ☐ meiner bzw. meines Bevollmächtigten
  - ☐ folgender Person: ______________________________

- Solange ich meine Patientenverfügung nicht widerrufe, soll mir in der konkreten Anwendungssituation keine Änderung meines Willens unterstellt werden. Kommen die mich behandelnden Ärztinnen und Ärzte, das gesamte Behandlungsteam, meine Betreuerin bzw. mein Betreuer oder meine Bevollmächtigte bzw. mein Bevollmächtigter aufgrund meiner Blicke, Gesten oder sonstigen Äußerungen zur Auffassung, dass ich einen anderen Willen über die Anwendung oder Nichtanwendung ärztlicher bzw. pflegerischer Maßnahmen gebildet habe, als in meiner Patientenverfügung dargelegt, so soll von allen Beteiligten übereinstimmend ermittelt werden, ob die in meiner Patientenverfügung dargelegten Wünsche noch meinem aktuellen Patientenwillen entsprechen. Kommt es zu nicht übereinstimmenden Ansichten darüber, ob die in meiner Patientenverfügung getätigten Willensbekundungen noch meinem aktuellen Patientenwillen entsprechen, soll die Ansicht folgender Person (meine Auswahl erfolgt durch Ankreuzen) besonders berücksichtigt werden:

- ☐ meiner behandelnden Ärztin bzw. meines behandelnden Arztes
- ☐ meiner Betreuerin bzw. meines Betreuers
- ☐ meiner bzw. meines Bevollmächtigten
- ☐ folgender Person: ______________________________

Information über Betreuer(in) bzw. Bevollmächtigte(n)

In den oben beschriebenen exemplarischen Situationen bitte ich um Kontaktaufnahme mit folgender Person, die ich als Betreuerin bzw. Betreuer oder als Bevollmächtigte bzw. Bevollmächtigten ausgewählt habe.

☐ Ich habe neben der Patientenverfügung auch eine Betreuungsverfügung erstellt, um eine Betreuerin bzw. einen Betreuer zu bestimmen, der sich unter anderem um meine Gesundheitsangelegenheiten kümmert und mit dem ich diese Patientenverfügung besprochen habe. Dies sind die Kontaktdaten der gewünschten Betreuerin bzw. des gewünschten Betreuers:

______________________________ VORNAME UND NACHNAME

______________________________ STRASSE UND HAUSNUMMER

______________________________ POSTLEITZAHL UND WOHNORT

______________________________ RUFNUMMER

______________________________ E-MAIL-ADRESSE

☐ Ich habe neben der Patientenverfügung auch eine Vorsorgevollmacht erstellt, um eine Bevollmächtigte bzw. einen Bevollmächtigten zu bestimmen, der sich um meine Gesundheitsangelegenheiten kümmert und mit dem ich diese Patientenverfügung besprochen habe. Dies sind die Kontaktdaten der von mir bevollmächtigten Person:

______________________________ VORNAME UND NACHNAME

______________________________ STRASSE UND HAUSNUMMER

______________________________ POSTLEITZAHL UND WOHNORT

______________________________ RUFNUMMER

______________________________ E-MAIL-ADRESSE

Darlegung der allgemeinen Wertvorstellungen

Damit meine Patientenverfügung auch in solchen Fällen verwendet werden kann, die oben möglicherweise nicht konkretisiert wurden, lege ich in freier Formulierung meine allgemeinen Wertvorstellungen dar.

____

____

____

____

____

____

____

Aussagen, die sich auf die Rechtskraft meiner Patientenverfügung beziehen

Mit meiner Unterschrift bestätige ich die folgenden Aussagen, die meine Patientenverfügung rechtskräftig machen.

- Ich bin mir bewusst, dass ich meine Patientenverfügung jederzeit ändern oder widerrufen kann.
- Ich bin mir über die Inhalte meiner Patientenverfügung bewusst sowie über die Konsequenzen, die die in der Patientenverfügung getroffenen Entscheidungen haben.
- Ich habe meine Patientenverfügung aus eigenen Stücken und ohne äußeren Druck erstellt.
- Ich bin im Vollbesitz meiner geistigen Kräfte.

Hinweise zur Aktualisierung meiner Patientenverfügung

Nun bestimme ich noch, ob die Patientenverfügung bis auf Widerruf oder bis zu einem bestimmten Datum gelten soll (die Auswahl erfolgt durch Ankreuzen).

☐ Diese Patientenverfügung soll so lange gelten, bis ich sie widerrufe.

☐ Diese Patientenverfügung soll bis zum ______________________ (Datumsangabe) gelten und dann ihre Gültigkeit verlieren. Wenn ich zu diesem Datum nicht wünsche, dass die Patientenverfügung ihre Gültigkeit verliert, muss ich sie erneut mit Datum und Unterschrift bekräftigen.

Ärztliche Aufklärung und Bestätigung der Einwilligungsfähigkeit

Da eine Patientenverfügung nur dann gültig ist, sofern ich zum Zeitpunkt des Erstellens der Patientenverfügung »einwilligungsfähig« bin, lasse ich mir die Einwilligungsfähigkeit ärztlich bestätigen. Die Einwilligungsfähigkeit kann gegebenenfalls auch notariell bestätigt werden.

Herr/Frau ____

ist von mir am __________________ im Hinblick auf die Inhalte und die Konsequenzen dieser Patientenverfügung aufgeklärt worden. Er/Sie war zu diesem Zeitpunkt vollumfänglich einwilligungsfähig.

- -

ORT, DATUM

- -

UNTERSCHRIFT, STEMPEL DES ARZTES/DER ÄRZTIN

In den oben beschriebenen exemplarischen Situationen verzichte ich, soweit ich bestimmte Behandlungen wünsche oder ablehne, ausdrücklich auf eine (weitere) ärztliche Aufklärung.

- -

ORT, DATUM

- -

UNTERSCHRIFT

Patientenverfügung im Fall einer Covid-19-Erkrankung

Hiermit erkläre ich,

____ VORNAME(N) UND NACHNAME

____ STRASSE UND HAUSNUMMER

____ POSTLEITZAHL UND WOHNORT

____ GEBURTSDATUM

meinen Willen (Patientenverfügung) im Fall einer Covid-19-Erkrankung mit schwerem Verlauf. Diese gilt für Untersuchungen meines Gesundheitszustands, Heilbehandlungen oder ärztliche Eingriffe für den Fall, dass ich nicht mehr dazu in der Lage bin, diesen Willen selbst (verständlich) zu äußern bzw. selbst darüber zu entscheiden. Eine Covid-19-Erkrankung kann bei einem schweren Verlauf Auswirkungen haben, die lebensbedrohlich sind. Mitunter kann Atemnot auftreten bis zu einer Schwere, die eine künstliche Beatmung erforderlich machen würde.

Diese Patientenverfügung ist ...

☐ meine einzige Patientenverfügung.

☐ eine Ergänzung meiner allgemeinen Patientenverfügung, die ich am ____________________ aufgesetzt habe.

Im Fall einer Covid-19-Erkrankung mit schwerem Verlauf wünsche ich ...

☐ falls notwendig, eine sofortige Verlegung ins Krankenhaus.

☐ KEINE Verlegung ins Krankenhaus.

Im Hinblick auf eine möglicherweise erforderliche künstliche Beatmung wünsche ich (ggf. auch in Abweichung zu meiner allgemeinen Patientenverfügung) ...

☐ falls notwendig, eine nicht invasive Beatmung über eine Atemmaske.

☐ falls notwendig, eine nicht invasive Beatmung über eine Atemmaske oder eine invasive Beatmung über einen Schlauch in meiner Luftröhre.

☐ KEINE künstliche Beatmung.

Im Hinblick auf eine möglicherweise erforderliche Blutwäsche (Dialyse) wünsche ich (ggf. auch in Abweichung zu meiner allgemeinen Patientenverfügung) ...

☐ falls notwendig, eine künstliche Blutwäsche (Dialyse)

☐ KEINE künstliche Blutwäsche (Dialyse)

Im Hinblick auf eine möglicherweise erforderliche Behandlung von Schmerzen und Symptomen wünsche ich (ggf. auch in Abweichung zu meiner allgemeinen Patientenverfügung) ...

☐ falls notwendig, dass eine Behandlung meiner Schmerzen und Symptome auch mit bewusstseinsdämpfenden Wirkungen durchgeführt werden soll, sofern alle anderen medizinischen Möglichkeiten zur Kontrolle von Schmerzen und Symptomen versagen. Die unwahrscheinliche Möglichkeit, dass meine Lebenszeit durch Maßnahmen, die meine Schmerzen und Symptome lindern sollen, ungewollt verkürzt wird, nehme ich in Kauf.

☐ KEINE Behandlung meiner Schmerzen und Symptome mit bewusstseinsdämpfenden Wirkungen.

Im Hinblick auf möglicherweise erforderliche wiederbelebende Maßnahmen wünsche ich (ggf. auch in Abweichung zu meiner allgemeinen Patientenverfügung) ...

☐ die Durchführung von wiederbelebenden Maßnahmen.

☐ KEINE Durchführung von wiederbelebenden Maßnahmen.

Da eine Patientenverfügung nur dann gültig ist, sofern ich zum Zeitpunkt des Erstellens der Patientenverfügung »einwilligungsfähig« bin, lasse ich mir die Einwilligungsfähigkeit ärztlich bestätigen. Die Einwilligungsfähigkeit kann gegebenenfalls auch notariell bestätigt werden.

Herr/Frau ____

ist von mir am ________________ im Hinblick auf die Inhalte und die Konsequenzen dieser Patientenverfügung aufgeklärt worden. Er/Sie war zu diesem Zeitpunkt vollumfänglich einwilligungsfähig.

- -

DATUM

- -

UNTERSCHRIFT, STEMPEL DES ARZTES/DER ÄRZTIN

In den oben beschriebenen exemplarischen Situationen verzichte ich, soweit ich bestimmte Behandlungen wünsche oder ablehne, ausdrücklich auf eine (weitere) ärztliche Aufklärung.

ORT, DATUM

UNTERSCHRIFT

Organspendeverfügung

Hiermit erkläre ich,

_______________________________ VORNAME(N) UND NACHNAME

_______________________________ STRASSE UND HAUSNUMMER

_______________________________ POSTLEITZAHL UND WOHNORT

_______________________________ GEBURTSDATUM

meinen Willen (Organspendeverfügung) zum Thema Organspende für den Fall, dass nach meinem Tod eines oder mehrere meiner Organe oder Gewebe für eine Transplantation infrage kommen.

Meine Erkärung, ob bzw. welche Organe oder Gewebe nach meinem Tod entnommen werden dürfen

Zunächst bestimme ich (meine Auswahl erfolgt durch Ankreuzen), ob Organe oder Gewebe meinem toten Körper entnommen werden dürfen bzw. – sofern ich mich für eine Organspende entscheide – welche Organe oder Gewebe entnommen werden dürfen und welche nicht.

☐ Ich stimme, nachdem mein Tod ärztlich festgestellt wurde, der Entnahme aller meiner Organe und Gewebe aus meinem Körper zu.

☐ Ich stimme, nachdem mein Tod ärztlich festgestellt wurde, der Entnahme meiner Organe und Gewebe aus meinem Körper zu, jedoch mit Ausnahme der folgenden Organe und Gewebe:

____

____

____

☐ Ich stimme, nachdem mein Tod ärztlich festgestellt wurde, der Entnahme ausschließlich folgender Organe und Gewebe aus meinem Körper zu:

____

____

____

☐ Ich widerspreche einer Entnahme von Organen oder Geweben nach meinem Tod.

☐ Über eine mögliche Organspende soll nach meinem Tod folgende Person entscheiden:

_______________________________ VORNAME(N) UND NACHNAME

_______________________________ STRASSE UND HAUSNUMMER

_______________________________ POSTLEITZAHL UND WOHNORT

_______________________________ RUFNUMMER

_______________________________ E-MAIL-ADRESSE

Meine Erklärung bezüglich des Vorrangs von Patientenverfügung oder Organspendeverfügung

Zusätzlich zu dieser Organspendeverfügung habe ich eine Patientenverfügung erstellt. Für den Fall, dass ich mich oben als Organspender erklärt habe und nach ärztlichem Urteil bei einem sich abzeichnenden Hirntod als Spender für Organe oder Gewebe infrage komme, dafür aber entsprechende ärztliche Maßnahmen durchgeführt werden müssten, die ich in meiner Patientenverfügung ausgeschlossen habe, soll gelten, dass ...

☐ die von mir in meiner Patientenverfügung erklärten Bestimmungen den Vorrang haben sollen.

☐ die von mir in meiner Organspendeverfügung erklärten Bestimmungen den Vorrang haben sollen.

Zusätzliche Hinterlegung

☐ Ich habe meine Entscheidung zusätzlich im zentralen staatlichen Organspende-Register hinterlegt (www.organspende-register.de). Im Falle von Abweichungen gilt die zeitlich jüngere Erklärung.

- -

ORT, DATUM

- -

UNTERSCHRIFT

Pflegeverfügung

Hiermit erkläre ich,

____ VORNAME(N) UND NACHNAME

____ STRASSE UND HAUSNUMMER

____ POSTLEITZAHL UND WOHNORT

____ GEBURTSDATUM

meine Wünsche für den Fall, dass ich pflegebedürftig werde und mich eventuell nicht mehr oder nicht mehr adäquat selbst zu den Dingen äußern kann, die mir im Zusammenhang mit meiner Pflege wichtig sind. Ich bitte das Pflegepersonal bzw. die mich pflegenden Personen darum, meine Wünsche zu berücksichtigen, soweit dies im Bereich des Möglichen steht.

Meine Wünsche in Bezug auf den Ort meiner Pflege

Wenn ich so pflegebedürftig werde, dass ich mich dauerhaft nicht mehr selbst versorgen kann, wünsche ich (meine Auswahl erfolgt durch Ankreuzen), dass ...

- ☐ ich so lange wie möglich zu Hause gepflegt werde. Eine Pflege durch Angehörige lehne ich jedoch ab. Nur dann, wenn die Pflege im häuslichen Umfeld aufgrund eines zu hohen Aufwands nicht mehr vertretbar ist, stimme ich der Verlegung in ein Pflegeheim zu.
- ☐ ich so lange wie möglich zu Hause gepflegt werde, egal ob durch Angehörige oder professionelle Pflegekräfte. Nur dann, wenn die Pflege im häuslichen Umfeld aufgrund eines zu hohen Aufwands nicht mehr vertretbar ist, stimme ich der Verlegung in ein Pflegeheim zu.
- ☐ man mich so bald wie möglich in ein Pflegeheim verlegt.
- ☐ Im Fall der Unterbringung in einem Pflegeheim bevorzuge ich ein Einzelzimmer.

Meine Wünsche in Bezug auf die mich pflegenden Personen bzw. das Pflegeheim

Im Fall einer Pflegebedürftigkeit wünsche ich (meine Auswahl erfolgt durch Ankreuzen), dass ...

- ☐ mein Betreuer bzw. Bevollmächtigter, gemäß meinen Wünschen in Bezug auf den Ort meiner Pflege, die häusliche Pflege organisiert bzw. ein Pflegeheim sorgfältig auswählt.

☐ nach Möglichkeit folgender Pflegedienst die häusliche Pflege übernimmt:

______________________ NAME DES PFLEGEDIENSTES

______________________ STRASSE UND HAUSNUMMER

______________________ POSTLEITZAHL UND WOHNORT

______________________ RUFNUMMER

______________________ E-MAIL-ADRESSE

☐ nach Möglichkeit folgende Person die häusliche Pflege übernimmt:

______________________ VORNAME(N) UND NACHNAME

______________________ STRASSE UND HAUSNUMMER

______________________ POSTLEITZAHL UND WOHNORT

______________________ RUFNUMMER

______________________ E-MAIL-ADRESSE

☐ ich nach Möglichkeit in folgendem Pflegeheim unterkomme:

______________________ NAME DES PFLEGEHEIMS

______________________ STRASSE UND HAUSNUMMER

______________________ POSTLEITZAHL UND WOHNORT

______________________ RUFNUMMER

______________________ E-MAIL-ADRESSE

☐ ich von folgenden Personen oder Personengruppen nach Möglichkeit NICHT gepflegt werde:

____

____

____

____

Meine Wünsche in Bezug auf freiheitsentziehende Schutzmaßnahmen

Mir ist bewusst, dass freiheitsentziehende Maßnahmen (z. B. ein Sitzgurt oder ein Bettgitter) mich einerseits schützen können, andererseits aber auch Ängste und Stress auslösen sowie Verletzungen verursachen können. Mit freiheitsentziehenden Maßnahmen, die meinem Schutz dienen, erkläre ich mich, sofern diese nicht gerichtlich angeordnet werden, generell (meine Auswahl erfolgt durch Ankreuzen) ...

☐ einverstanden.

☐ nicht einverstanden.

Meine Wünsche in Bezug auf technische Überwachungsmaßnahmen

Mir ist bewusst, dass technische Überwachungsmaßnahmen (z. B. durch eine Kamera oder ein Mikrofon) zu meinem Schutz beitragen können, während dabei aber gleichzeitig meine Privatsphäre verletzt werden kann. Mit technischen Überwachungsmaßnahmen erkäre ich mich generell (meine Auswahl erfolgt durch Ankreuzen) ...

☐ einverstanden.

☐ nicht einverstanden, es sei denn, dass sich durch die fehlende Überwachung ein Risiko für meine Gesundheit und mein Leben ergeben sollte.

☐ nicht einverstanden, selbst dann, wenn sich durch die fehlende Überwachung ein Risiko für meine Gesundheit und mein Leben ergeben sollte.

Meine Wünsche in Bezug auf weitere technische Maßnahmen zur Unterstützung der Pflege in häuslicher Umgebung

Für den Fall, dass ich in häuslicher Umgebung gepflegt werde, verfüge ich im Hinblick auf technische Maßnahmen zur Unterstützung meiner Pflege (meine Auswahl erfolgt durch Ankreuzen), dass ...

☐ entsprechende technische Vorrichtungen zur Unterstützung meiner Pflege in meiner Wohnung bzw. meinem Haus installiert werden dürfen.

☐ für die Installation der technischen Vorrichtungen zur Unterstützung meiner Pflege, sofern die Kosten nicht durch Sozialleistungen abgedeckt werden, mein Vermögen eingesetzt werden darf.

Meine Wünsche in Bezug auf Schlafgewohnheiten

Mir ist bewusst, dass meine Schlafenszeiten auch davon abhängen, wann die mich pflegenden Personen Zeit haben, mich zu pflegen und zu Bett zu bringen. Nach Möglichkeit wünsche ich mir, meine Schlafgewohnheiten zu berücksichtigen, die ich im Folgenden schildere:

____

____

____

____

____

____

____

Meine Wünsche in Bezug auf meine Körperpflege

Für den Fall, dass ich meinen Körper nicht mehr selbst pflegen kann, wünsche ich ...

- im Hinblick auf die allgemeine Körperpflege (z. B. Duschen oder Zähne putzen), dass ...

  ____

  ____

  ____

  ____

- im Hinblick auf die kosmetische Versorgung (z. B. Fußpflege oder Schminken), dass ...

  ____

  ____

  ____

  ____

- nicht, dass ...

Meine Wünsche in Bezug auf meine Bekleidung und meinen Schmuck

Was meine Bekleidung sowie Schmuck betrifft, habe ich die folgenden Wünsche.

- Was ich gern anziehe:

- Was ich nicht bzw. nicht gern anziehe:

- Welchen Schmuck ich zu welchen Anlässen trage:

Meine Wünsche in Bezug auf meine Ernährung

Was Essen und Trinken betrifft, habe ich die folgenden Wünsche.

- Was ich gern esse:

____

____

____

____

- Was ich nicht bzw. nicht gern esse:

____

____

____

____

- Was ich gern trinke:

____

____

____

____

- Was ich nicht bzw. nicht gern trinke:

____

____

____

____

Meine Wünsche in Bezug auf Freizeit und Hobbys

Im Folgenden äußere ich noch einige Wünsche im Hinblick auf Freizeitaktivitäten und meine Hobbys, die nach Möglichkeit berücksichtigt werden sollen.

- Was ich gern für Musik höre und welche Radiosender ich mag:

___

___

___

___

___

- Was ich gern für Filme schaue und welche Fernsehsender ich mag:

___

___

___

___

___

- An welchen Freizeitaktivitäten und Hobbys ich Interesse habe:

___

___

___

___

___

Meine Wünsche in Bezug auf Religionsausübung

Für den Fall, dass religiöse Veranstaltungen für meine Konfession angeboten werden, wünsche ich ...

☐ eine Teilnahme.

☐ keine Teilnahme.

ORT, DATUM

UNTERSCHRIFT

Betreuungsverfügung

Hiermit erkläre ich,

______________________________ VORNAME(N) UND NACHNAME

______________________________ STRASSE UND HAUSNUMMER

______________________________ POSTLEITZAHL UND WOHNORT

______________________________ GEBURTSDATUM

für den Fall, dass ich aufgrund einer Krankheit oder Behinderungen meine Angelegenheiten nicht mehr bzw. nicht mehr in vollem Umfang selbst regeln kann und aus diesem Grund eine Betreuung für mich angeordnet wird, folgende Person zu meinem Betreuer bzw. meiner Betreuerin bestellt werden soll:

______________________________ VORNAME(N) UND NACHNAME

______________________________ STRASSE UND HAUSNUMMER

______________________________ POSTLEITZAHL UND WOHNORT

______________________________ RUFNUMMER

______________________________ E-MAIL-ADRESSE

Erklärung für den Fall, dass die vorstehend genannte Person nicht zum Betreuer bzw. zur Betreuerin bestellt werden kann

Ist es nicht möglich, die vorstehend genannte Person zu meinem Betreuer bzw. meiner Betreuerin zu bestellen, soll folgende Person zu meinem Betreuer bzw. meiner Betreuerin bestellt werden:

______________________________ VORNAME(N) UND NACHNAME

______________________________ STRASSE UND HAUSNUMMER

______________________________ POSTLEITZAHL UND WOHNORT

______________________________ RUFNUMMER

______________________________ E-MAIL-ADRESSE

Erklärung, wer auf keinen Fall zum Betreuer bzw. zur Betreuerin bestellt werden soll

Für den Fall, dass beide von mir vorgeschlagenen Personen nicht als Betreuer bzw. Betreuerin bestellt werden können, soll das Betreuungsgericht eine geeignete Person auswählen. Hiermit erkläre ich jedoch, dass ich folgende Person(en) auf keinen Fall als Betreuer bzw. Betreuerin haben möchte:

____________________ VORNAME(N) UND NACHNAME

____________________ STRASSE UND HAUSNUMMER

____________________ POSTLEITZAHL UND WOHNORT

____________________ RUFNUMMER

____________________ E-MAIL-ADRESSE

____________________ VORNAME(N) UND NACHNAME

____________________ STRASSE UND HAUSNUMMER

____________________ POSTLEITZAHL UND WOHNORT

____________________ RUFNUMMER

____________________ E-MAIL-ADRESSE

Dies ist der Grund für die Ablehnung der genannten Person(en):

Erklärung von Wünschen bezüglich der Wahrnehmung meiner Angelegenheiten

Bezüglich der Wahrnehmung meiner Angelegenheiten durch den Betreuer bzw. die Betreuerin habe ich folgende Wünsche:

ORT, DATUM

UNTERSCHRIFT

Ehegattennotvertretung

Gemäß $ 1358 BGB können sich Ehegatten in Angelegenheiten der Gesundheitssorge bis zu sechs Monate lang gegenseitig vertreten, sofern ein Ehegatte seine Angelegenheiten wegen Bewusstlosigkeit oder Krankheit nicht selbst besorgen kann.

Ich,

______________________________ VORNAME(N) UND NACHNAME

______________________________ STRASSE UND HAUSNUMMER

______________________________ POSTLEITZAHL UND WOHNORT

______________________________ GEBURTSDATUM

erkläre hiermit als vertretender Ehegatte von

______________________________ VORNAME(N) UND NACHNAME

______________________________ STRASSE UND HAUSNUMMER

______________________________ POSTLEITZAHL UND WOHNORT

______________________________ GEBURTSDATUM

dass ich die in $ 1358 BGB genannten Voraussetzungen für die Ehegattennotvertretung erfülle, nämlich:

1. dass ich von meinem Ehegatten nicht getrennt lebe,
2. dass mir nicht bekannt ist, dass mein Ehegatte die Ehegattennotvertretung ablehnt oder er/sie eine andere Person zur Wahrnehmung seiner/ihrer Angelegenheiten der Gesundheitssorge bevollmächtigt hat,
3. dass für meinen Ehegatten kein Betreuer gerichtlich bestellt wurde, in dessen Aufgabenkreis die Angelegenheiten der Gesundheitssorge fallen, und
4. dass weniger als sechs Monate vergangen sind, seit der behandelnde Arzt bzw. die behandelnde Ärztin festgestellt hat, dass mein Ehegatte seine/ihre Angelegenheiten wegen Bewusstlosigkeit oder Krankheit rechtlich nicht selbst besorgen kann, und dass diese Voraussetzung für die Ehegattennotvertretung mit dem heutigen Tag weiterhin erfüllt ist.

-     -

ORT, DATUM UNTERSCHRIFT

Ärztliche Feststellung zur Ehegattennotvertretung

Ich,

________________________________ VORNAME(N) UND NACHNAME

________________________________ ADRESSE PRAXIS/KLINIK

____

____

als behandelnder Arzt bzw. behandelnde Ärztin von

________________________________ VORNAME(N) UND NACHNAME

________________________________ STRASSE UND HAUSNUMMER

________________________________ POSTLEITZAHL UND WOHNORT

________________________________ GEBURTSDATUM

erkläre hiermit, dass der oben genannte Patient bzw. die oben genannte Patientin aufgrund von Bewusstlosigkeit oder Krankheit spätestens seit dem

\- -

DATUM

nicht mehr fähig ist, seine/ihre Angelegenheiten der Gesundheitssorge rechtlich selbst zu besorgen.

\- -

ORT, DATUM

\- -

UNTERSCHRIFT

Vorsorgevollmacht

Hiermit erteile ich,

______________________________ VORNAME(N) UND NACHNAME

______________________________ STRASSE UND HAUSNUMMER

______________________________ POSTLEITZAHL UND WOHNORT

______________________________ GEBURTSDATUM

Vollmacht an

______________________________ VORNAME(N) UND NACHNAME

______________________________ STRASSE UND HAUSNUMMER

______________________________ POSTLEITZAHL UND WOHNORT

______________________________ GEBURTSDATUM

Die von mir bevollmächtigte Person hat mein vollstes Vertrauen. Ich bevollmächtige diese Vertrauensperson hiermit, mich in allen Angelegenheiten zu vertreten, die ich im Folgenden angegeben bzw. angekreuzt habe.

Diese Vorsorgevollmacht soll dazu dienen, eine gerichtlich angeordnete Betreuung zu vermeiden. Deshalb bleibt die Vollmacht auch dann in Kraft, sollte ich nach der Errichtung der Vollmacht geschäftsunfähig geworden sein.

Diese Vorsorgevollmacht ist nur wirksam, sofern die von mir bevollmächtigte Person diese Vollmachtsurkunde im Besitz hat. Die Vollmacht muss bei Vornahme eines Rechtsgeschäfts im Original vorgelegt werden.

Vollmacht im Zusammenhang mit Gesundheitssorge und Pflegebedürftigkeit

- Die bevollmächtigte Person darf für mich in allen Angelegenheiten der Gesundheitssorge Entscheidungen treffen, auch über sämtliche Einzelheiten der Pflege (egal ob ambulant, teilstationär oder stationär). Die bevollmächtigte Person ist außerdem befugt, meinen Patientenwillen durchzusetzen, den ich in einer Patientenverfügung dargelegt habe.

  ☐ Ja

  ☐ Nein

- Die bevollmächtigte Person darf für mich in Untersuchungen meines Gesundheitszustands, in Heilbehandlungen sowie in ärztliche Eingriffe einwilligen, diese ablehnen oder eine Einwilligung widerrufen. Dies gilt selbst dann, wenn durch die Vornahme, das Unterlassen oder den Abbruch der Maßnahmen die Gefahr bestehen sollte, dass ich sterbe oder schwere bzw. dauerhafte gesundheitliche Schäden erleide (§ 1829 Abs. 1 und 2 BGB).

  ☐ Ja

  ☐ Nein

- Die bevollmächtigte Person darf meine Krankenunterlagen einsehen sowie deren Herausgabe an Dritte bewilligen. Hiermit entbinde ich alle mich behandelnden Ärzte sowie das nichtärztliche Personal gegenüber der von mir bevollmächtigten Person von ihrer Schweigepflicht. Die bevollmächtigte Person darf außerdem alle mich behandelnden Ärzte sowie das nichtärztliche Personal von ihrer Schweigepflicht gegenüber Dritten entbinden.

  ☐ Ja

  ☐ Nein

- Die bevollmächtigte Person darf, sofern die Maßnahmen für mein Wohl erforderlich sind, über meine freiheitsentziehende Unterbringung (§ 1831 Abs. 1 BGB), freiheitsentziehende Maßnahmen (z. B. ein Sitzgurt oder ein Bettgitter; § 1831 Abs. 4 BGB) sowie ärztliche Zwangsmaßnahmen (§ 1831 Abs. 4 BGB) entscheiden.

  ☐ Ja

  ☐ Nein

- Die bevollmächtigte Person darf, sofern die Maßnahmen für mein Wohl erforderlich sind, über meine Verbringung zu einem stationären Aufenthalt in einem Krankenhaus entscheiden, wenn eine ärztliche Zwangsmaßnahme in Betracht kommt (§ 1832 Abs. 4 BGB).

  ☐ Ja

  ☐ Nein

- ______________________________

  ____

  ____

  ____

Vollmacht im Zusammenhang mit Aufenthalt und Wohnungsangelegenheiten

- Die bevollmächtigte Person darf meinen Aufenthalt bestimmen.

  ☐ Ja

  ☐ Nein

- Die bevollmächtigte Person darf sämtliche Rechte aus dem Mietvertrag über meine Wohnung ausüben. Sie darf einen bestehenden Mietvertrag kündigen und meinen Haushalt auflösen.

  ☐ Ja

  ☐ Nein

- Die bevollmächtigte Person darf für mich einen neuen Wohnungsmietvertrag abschließen und diesen Mietvertrag auch wieder kündigen.

  ☐ Ja

  ☐ Nein

- Die bevollmächtigte Person darf für mich einen Vertrag über die Überlassung von Wohnraum mit Pflege- und Betreuungsdienstleistungen abschließen (gemäß Wohn- und Betreuungsvertragsgesetz). Sie darf diesen Vertrag auch wieder kündigen.

  ☐ Ja

  ☐ Nein

- ______________________________

  ____

  ____

Vollmacht im Zusammenhang mit Post und Fernmeldeverkehr

- Die bevollmächtigte Person darf meine Post entgegennehmen, diese öffnen und lesen. Dies gilt auch für elektronische Post sowie für weitere elektronische Kommunikationsformen.

  ☐ Ja

  ☐ Nein

- Die bevollmächtigte Person darf alle im Zusammenhang mit Post und Fernmeldeverkehr zusammenhängenden Willenserklärungen abgeben (z. B. Abschlüsse von Verträgen oder Kündigungen von Verträgen).

☐ Ja

☐ Nein

- ______________________________

____

____

Vollmacht im Zusammenhang mit der Vertretung gegenüber Behörden, Versicherungen sowie Renten- und Sozialleistungsträgern

- Die bevollmächtigte Person darf mich gegenüber sämtlichen Behörden, Versicherungen sowie Renten- und Sozialleistungsträgern vertreten. Diese Vollmacht umfasst auch die datenschutzrechtliche Einwilligung.

☐ Ja

☐ Nein

- ______________________________

____

____

Vollmacht im Zusammenhang mit der Vertretung vor Gericht

- Die bevollmächtigte Person darf mich gegenüber Gerichten vertreten und Prozesshandlungen aller Art für mich vornehmen.

☐ Ja

☐ Nein

Vollmacht im Zusammenhang mit der Vermögenssorge

- Die bevollmächtigte Person darf mein Vermögen verwalten und in diesem Zusammenhang sämtliche Rechtshandlungen und Rechtsgeschäfte vornehmen, und zwar sowohl im Inland als auch im Ausland. Die bevollmächtigte Person darf in diesem Zusammenhang Erklärungen aller Art abgeben und entgegennehmen. Die bevollmächtigte Person darf in diesem Zusammenhang Anträge stellen, ändern oder zurücknehmen.

  ☐ Ja

  ☐ Nein

- Die bevollmächtigte Person darf über meine Vermögensgegenstände jeder Art verfügen.

  ☐ Ja

  ☐ Nein

- Die bevollmächtigte Person darf für mich sowohl Zahlungen als auch Wertgegenstände annehmen.

  ☐ Ja

  ☐ Nein

- Die bevollmächtigte Person darf für mich Verbindlichkeiten eingehen.

  ☐ Ja

  ☐ Nein

- Die bevollmächtigte Person darf mich im Geschäftsverkehr mit Kreditinstituten vertreten. Sie darf Willenserklärungen im Zusammenhang mit meinen Konten, Depots sowie Schließfächern abgeben.

  ☐ Ja

  ☐ Nein

- Die bevollmächtigte Person darf im Rahmen, der einem Betreuer rechtlich erlaubt ist, Schenkungen aus meinem Vermögen vornehmen.

  ☐ Ja

  ☐ Nein

- ____

  ____

- Die folgenden Geschäfte darf die bevolllmächtigte Person ausdrücklich <u>NICHT</u> wahrnehmen:

  ____

  ____

Erklärung zu Rechtsgeschäften der bevollmächtigten Person mit sich selbst

- Ich befreie die bevollmächtigte Person von den Beschränkungen des § 181 BGB, in dem Rechtsgeschäfte mit sich selbst ausgeschlossen werden. Eine Befreiung von diesen Beschränkungen würde es der bevollmächtigten Person z. B. ermöglichen, sich selbst eine Schenkung aus meinem Vermögen zukommen zu lassen.

  ☐ Ja

  ☐ Nein

Erklärung zur Erteilung von Untervollmachten

- Der Bevollmächtigte darf zu den in dieser Vorsorgevollmacht genannten Angelegenheiten Untervollmachten an andere Personen erteilen.

  ☐ Ja

  ☐ Nein

Betreuungsverfügung

- Sofern trotz dieser Vorsorgevollmacht eine gesetzliche Betreuung erforderlich wird, soll die bevollmächtigte Person als mein gesetzlicher Betreuer bzw. meine gesetzliche Betreuerin bestellt werden.

  ☐ Ja

  ☐ Nein

Regelung für den Todesfall

- Diese Vorsorgevollmacht hat über meinen Tod hinaus Gültigkeit. Sie kann von meinen gesetzlichen Erben jederzeit widerrufen werden.

  ☐ Ja

  ☐ Nein

Verhältnis zum gesetzlichen Notvertretungsrecht

- Diese Vollmacht ist ausdrücklich als vorrangig gegenüber dem gesetzlichen Ehegattennotvertretungsrecht gemäß § 1358 BGB zu verstehen, um eine umfassende und zeitlich unbegrenzte Handlungsfähigkeit meiner Bevollmächtigten sicherzustellen.

  ☐ Ja

  ☐ Nein

Hinweis auf Registergesetz (Volltexthinterlegung)

- Mir ist bekannt, dass ab dem 01.10.2026 die Möglichkeit besteht, eine elektronische Abschrift (Volltext) dieser Verfügung beim Zentralen Vorsorgeregister der Bundesnotarkammer zu hinterlegen. Ich beabsichtige, von dieser Möglichkeit Gebrauch zu machen.

  ☐ Ja

  ☐ Nein

Ärztliche Erklärung der Geschäftsfähigkeit

Herr/Frau ____

ist vollumfänglich geschäftsfähig.

- -

DATUM

- -

UNTERSCHRIFT, STEMPEL DES ARZTES/DER ÄRZTIN

- -

ORT, DATUM

- -

UNTERSCHRIFT DES VOLLMACHTNEHMERS/DER VOLLMACHTNEHMERIN

- -

ORT, DATUM

- -

UNTERSCHRIFT DES VOLLMACHTGEBERS/DER VOLLMACHTGEBERIN

Vorsorgevollmacht (Innenverhältnis)

Hiermit erkläre ich,

______________________________ VORNAME(N) UND NACHNAME

______________________________ STRASSE UND HAUSNUMMER

______________________________ POSTLEITZAHL UND WOHNORT

______________________________ GEBURTSDATUM

○ dass ich in meiner Vorsorgevollmacht vom ______________ folgender Person bzw. folgenden Personen eine Vollmacht für das Außenverhältnis erteilt habe.

Bevollmächtigte Person 1:

______________________________ VORNAME(N) UND NACHNAME

______________________________ STRASSE UND HAUSNUMMER

______________________________ POSTLEITZAHL UND WOHNORT

______________________________ GEBURTSDATUM

○ Bevollmächtigte Person 2:

______________________________ VORNAME(N) UND NACHNAME

______________________________ STRASSE UND HAUSNUMMER

______________________________ POSTLEITZAHL UND WOHNORT

______________________________ GEBURTSDATUM

Bevollmächtigte Person 3:

____ VORNAME(N) UND NACHNAME

____ STRASSE UND HAUSNUMMER

____ POSTLEITZAHL UND WOHNORT

____ GEBURTSDATUM

Bevollmächtigte Person 4:

____ VORNAME(N) UND NACHNAME

____ STRASSE UND HAUSNUMMER

____ POSTLEITZAHL UND WOHNORT

____ GEBURTSDATUM

In dieser zusätzlichen, vom Vollmachtgeber sowie von der bevollmächtigten Person bzw. den bevollmächtigten Personen unterzeichneten Vereinbarung wird das Innenverhältnis meiner Vorsorgevollmacht geregelt, also wann, in welchem Umfang und unter welchen Umständen die bevollmächtigte Person bzw. die bevollmächtigten Personen von der im Außenverhältnis uneingeschränkt gültigen Vollmacht Gebrauch machen sollen.

Regelung zum Einsatz der Vollmacht

Zunächst lege ich fest, zu welchem Zeitpunkt meine Vorsorgevollmacht Gültigkeit erlangen soll (Zutreffendes wird vom Vollmachtgeber bzw. der Vollmachtgeberin angekreuzt):

☐ Meine Vorsorgevollmacht erlangt ausschließlich dann Gültigkeit, wenn meine Geschäftsunfähigkeit und Entscheidungsunfähigkeit ärztlich festgestellt wird. Die ärztliche Bestätigung meiner Geschäftsunfähigkeit und Entscheidungsunfähigkeit ist dieser Vereinbarung für das Innenverhältnis meiner Vorsorgevollmacht beizufügen.

☐ Die Bestätigung meiner Geschäftsunfähigkeit und Entscheidungsunfähigkeit soll alle ________________________ neu eingeholt werden.

☐ Meine Vorsorgevollmacht erlangt mit der Unterschrift des Vollmachtgebers und der bevollmächtigten Person(en) sofortige Gültigkeit.

Regelung einer Aufwandsentschädigung für die bevollmächtigte Person bzw. die bevollmächtigten Personen

Um den Aufwand zu würdigen, den das Ausüben einer Vorsorgevollmacht mit sich bringt, kann der Vollmachtgeber bzw. die Vollmachtgeberin die bevollmächtigte Person bzw. die bevollmächtigten Personen entlohnen (Zutreffendes kreuze ich an).

☐ Für den Aufwand, den eine bevollmächtigte Person erbringt, bezahle ich ihr eine monatliche Aufwandsentschädigung in Höhe von ______________ Euro, welche die bevollmächtigte Person bzw. die bevollmächtigten Personen selbst aus meinem Einkommen und/oder Vermögen entnehmen dürfen.

☐ Eine regelmäßige monatliche Aufwandsentschädigung für die bevollmächtigte Person bzw. die bevollmächtigten Personen ist nicht vorgesehen.

Regelung der Priorität bzw. der Aufgaben bei mehreren bevollmächtigten Personen

Sofern ich mehreren Personen eine Vollmacht erteilt habe, erkläre ich nun, welche der bevollmächtigten Personen Hauptbevollmächtigter bzw. Hauptbevollmächtigte sein soll, die alle meine Angelegenheiten wahrnimmt. Alternativ verteile ich die Aufgaben aus unterschiedlichen Bereichen an mehrere bevollmächtigte Personen (Zutreffendes kreuze ich an).

☐ Von den oben genannten bevollmächtigten Personen kann jeweils nur eine Person gleichzeitig Hauptbevollmächtigter bzw. Hauptbevollmächtigte sein, die mich in allen meinen Angelegenheiten vertritt. Nur dann, wenn eine priorisierte Person meine Angelegenheiten nicht vertreten kann oder will, erlangt die nächstfolgende Person die Position des Hauptbevollmächtigten bzw. der Hauptbevollmächtigten. Dies ist die Reihenfolge, in der die bevollmächtigten Personen priorisiert werden sollen:

1. ______________________________ VORNAME(N) UND NACHNAME

2. ______________________________ VORNAME(N) UND NACHNAME

3. ______________________________ VORNAME(N) UND NACHNAME

4. ______________________________ VORNAME(N) UND NACHNAME

☐ Die oben genannten bevollmächtigten Personen sollen sich jeweils um unterschiedliche Angelegenheiten kümmern, die in der Vorsorgevollmacht für das Außenverhältnis festgelegt wurden.

1. Gesundheitssorge und Pflegebedürftigkeit:

______________________________ VORNAME(N) UND NACHNAME

2. Aufenthalt und Wohnungsangelegenheiten:

____________________ VORNAME(N) UND NACHNAME

3. Post und Fernmeldeverkehr:

____________________ VORNAME(N) UND NACHNAME

4. Vertretung gegenüber Behörden, Versicherungen sowie Renten- und Sozialleistungsträgern:

____________________ VORNAME(N) UND NACHNAME

5. Vertretung vor Gericht:

____________________ VORNAME(N) UND NACHNAME

6. Vermögenssorge:

____________________ VORNAME(N) UND NACHNAME

Regelung im Fall von Unstimmigkeiten bei mehreren bevollmächtigten Personen

Kommt es zu Unstimmigkeiten zwischen mehreren bevollmächtigten Personen, so gilt folgende Regelung (Zutreffendes kreuze ich an).

☐ Die bevollmächtigten Personen dürfen ihre Vollmachten nicht gegenseitig widerrufen. Bei Unstimmigkeiten soll die folgende von mir benannte Vertrauensperson schlichten. Die bevollmächtigten Personen verpflichten sich, dem Schlichtungsvorschlag dieser Person zu folgen.

____________________ VORNAME(N) UND NACHNAME

____________________ STRASSE UND HAUSNUMMER

____________________ POSTLEITZAHL UND WOHNORT

____________________ GEBURTSDATUM

☐ Die bevollmächtigten Personen dürfen ihre Vollmachten nicht gegenseitig widerrufen. Bei Unstimmigkeiten soll ein Notar schlichten. Die bevollmächtigten Personen verpflichten sich, dem Schlichtungsvorschlag des Notars zu folgen.

☐ Die bevollmächtigten Personen dürfen ihre Vollmachten nicht gegenseitig widerrufen. Sie verpflichten sich, im Fall von Unstimmigkeiten beim zuständigen Betreuungsgericht eine gesetzliche Betreuung anzuregen, wobei sich die Betreuung aber nur auf den strittigen Aufgabenbereich beziehen soll.

Vorgaben zur Ausübung der Vollmacht im Zusammenhang mit Gesundheitssorge und Pflegebedürftigkeit

Für die Ausübung der Vollmacht im Zusammenhang mit dem Bereich Gesundheitssorge und Pflegebedürftigkeit folgen einige Vorgaben, die von der bevollmächtigten Person berücksichtigt werden sollen (Zutreffendes kreuze ich an).

☐ Die bevollmächtigte Person verpflichtet sich, die von der vollmachtgebenden Person erstellte Patientenverfügung vollumfänglich bei allen notwendigen Entscheidungen zu berücksichtigen und alle darin enthaltenen Vorgaben und Vorstellungen zu beachten sowie die Patientenverfügung bei Bedarf dem behandelnden medizinischen Personal vorzulegen. Der Vollmachtgeber bzw. die Vollmachtgeberin verpflichtet sich gleichzeitig, der bevollmächtigten Person den Aufbewahrungsort des Originals der Patientenverfügung sowie eventuelle Änderungen des Aufbewahrungsorts mitzuteilen.

☐ Der Vollmachtgeber bzw. die Vollmachtgeberin hat eine Organspendeverfügung erstellt. Die bevollmächtigte Person sorgt dafür, dass die darin enthaltenen Vorgaben nach dem Ableben des Vollmachtgebers bzw. der Vollmachtgeberin berücksichtigt werden. Der Vollmachtgeber bzw. die Vollmachtgeberin verpflichtet sich gleichzeitig, der bevollmächtigten Person den Aufbewahrungsort der Organspendeverfügung sowie eventuelle Änderungen des Aufbewahrungsorts mitzuteilen.

☐ Die bevollmächtigte Person verpflichtet sich, die von der vollmachtgebenden Person erstellte Pflegeverfügung vollumfänglich bei allen notwendigen Entscheidungen zu berücksichtigen und alle darin enthaltenen Vorgaben und Vorstellungen zu beachten sowie die Pflegeverfügung bei Bedarf dem zuständigen Pflegepersonal vorzulegen. Der Vollmachtgeber bzw. die Vollmachtgeberin verpflichtet sich gleichzeitig, der bevollmächtigten Person den Aufbewahrungsort der Pflegeverfügung sowie eventuelle Änderungen des Aufbewahrungsorts mitzuteilen.

☐ ______________________________

____

____

☐ ______________________________

____

____

☐ ____

____

Vorgaben zur Ausübung der Vollmacht im Zusammenhang mit der Vermögenssorge

Nun mache ich noch Angaben dazu, welche Zahlungen in meinem Namen vom Vollmachtgeber regelmäßig oder auch einmalig zu einem bestimmten Termin geleistet werden sollen. Auch bestimmte Schenkungen (z. B. zum Geburtstag des Enkels) lege ich im Voraus fest.

☐ Die bevollmächtigte Person soll im Namen des Vollmachtgebers bzw. der Vollmachtgeberin die folgenden Zahlungen leisten:

______________________________________ KONTOINHABER

______________________________________ IBAN

______________________________________ ZAHLUNGSTERMIN(E)

______________________________________ KONTOINHABER

______________________________________ IBAN

______________________________________ ZAHLUNGSTERMIN(E)

______________________________________ KONTOINHABER

______________________________________ IBAN

______________________________________ ZAHLUNGSTERMIN(E)

______________________________________ KONTOINHABER

______________________________________ IBAN

______________________________________ ZAHLUNGSTERMIN(E)

☐ Die bevollmächtigte Person soll im Namen des Vollmachtgebers bzw. der Vollmachtgeberin die folgenden Schenkungen leisten:

______________________________ SCHENKUNGSEMPFÄNGER

______________________________ ART DES GESCHENKS

______________________________ SCHENKUNGSTERMIN(E)

______________________________ SCHENKUNGSEMPFÄNGER

______________________________ ART DES GESCHENKS

______________________________ SCHENKUNGSTERMIN(E)

______________________________ SCHENKUNGSEMPFÄNGER

______________________________ ART DES GESCHENKS

______________________________ SCHENKUNGSTERMIN(E)

______________________________ SCHENKUNGSEMPFÄNGER

______________________________ ART DES GESCHENKS

______________________________ SCHENKUNGSTERMIN(E)

Erklärung zur Haftung der bevollmächtigten Person bzw. der bevollmächtigten Personen

- Die Haftung der bevollmächtigten Person ist auf Vorsatz und grobe Fahrlässigkeit beschränkt.

Sonstige Regelungen

Zum Schluss kann ich noch weitere Regelungen für meine Vorsorge treffen, also z. B. Vorgaben für die Unterbringung und Pflege meiner Katze machen.

- ____
- ____
- ____

ORT, DATUM

UNTERSCHRIFT DER 1. BEVOLLMÄCHTIGTEN PERSON

ORT, DATUM

UNTERSCHRIFT DER 2. BEVOLLMÄCHTIGTEN PERSON

ORT, DATUM

UNTERSCHRIFT DER 3. BEVOLLMÄCHTIGTEN PERSON

ORT, DATUM

UNTERSCHRIFT DER 4. BEVOLLMÄCHTIGTEN PERSON

ORT, DATUM

UNTERSCHRIFT DES VOLLMACHTGEBERS/DER VOLLMACHTGEBERIN

Bankvollmacht

Hiermit erteile ich,

______________________________ VORNAME(N) UND NACHNAME

______________________________ STRASSE UND HAUSNUMMER

______________________________ POSTLEITZAHL UND WOHNORT

______________________________ GEBURTSDATUM

Vollmacht an

______________________________ VORNAME(N) UND NACHNAME

______________________________ STRASSE UND HAUSNUMMER

______________________________ POSTLEITZAHL UND WOHNORT

______________________________ GEBURTSDATUM

mich im Geschäftsverkehr mit folgender Bank oder Sparkasse zu vertreten. Diese Vollmacht gilt sowohl für meine bereits bestehenden Konten und Depots bei dieser Bank oder Sparkasse als auch für mögliche künftige Konten und Depots. Sie gilt außerdem für von mir bei dieser Bank oder Sparkasse gemietete Schließfächer.

______________________________ NAME DER BANK

______________________________ ANSCHRIFT DER BANK

______________________________ IBAN

Umfang der Vollmacht

- Die bevollmächtigte Person darf sämtliche Bankgeschäfte tätigen, die meine Konten, Depots und Schließfächer bei der oben genannten Bank betreffen.

  ☐ Ja

  ☐ Nein

- Die bevollmächtigte Person darf meine Konto- und Depotauszüge entgegennehmen.

☐ Ja

☐ Nein

- Die bevollmächtigte Person darf von meinem bei der oben genannten Bank geführten Konto Geld bis zu einer Höhe des verfügbaren Guthabens abheben, aber maximal bis zu einer Höhe von ________________ Euro.

☐ Ja

☐ Nein

- Die bevollmächtigte Person darf von meinem bei der oben genannten Bank geführten Konto Überweisungen tätigen, aber maximal bis zu einer Höhe von ________________ Euro.

☐ Ja

☐ Nein

- Die bevollmächtigte Person darf für mich bei der oben genannten Bank eine Girocard oder Kreditkarte beantragen und die entsprechenden Geheimzahlen und Passwörter entgegennehmen.

☐ Ja

☐ Nein

- Die bevollmächtigte Person darf die mir eingeräumte Kreditlinie nutzen.

☐ Ja

☐ Nein

- Die bevollmächtigte Person darf einen mir eingeräumten Kredit entgegennehmen.

☐ Ja

☐ Nein

- Die bevollmächtigte Person darf aus meinem Depot Aktien und andere Wertpapiere verkaufen oder Aktien und andere Wertpapiere für mich kaufen.

  ☐ Ja

  ☐ Nein

- Die bevollmächtigte Person erhält Zugriff auf das bei der oben genannten Bank geführte Schließfach bzw. mehrere Schließfächer.

  ☐ Ja

  ☐ Nein

- Diese Bankvollmacht gilt ausdrücklich NICHT für

  ____

  ____

Geltung der Vollmacht

Diese Vollmacht kann nur dann ausgeübt werden, wenn die bevollmächtigte Person gleichzeitig ihren Personalausweis vorlegt. Zur Geltung der Vollmacht wird außerdem Folgendes festgelegt (Zutreffendes kreuze ich an).

☐ Diese Volllmacht ist zu Lebzeiten des Vollmachtgebers bzw. der Vollmachtgeberin gültig und über dessen bzw. deren Tod hinaus.

☐ Diese Vollmacht ist nur zu Lebzeiten des Vollmachtgebers bzw. der Vollmachtgeberin gültig und erlischt mit dessen bzw. deren Tod.

☐ Diese Vollmacht erlangt erst mit dem Tod des Vollmachtgebers bzw. der Vollmachtgeberin Geltung.

\- -

ORT, DATUM

\- -

UNTERSCHRIFT DES VOLLMACHTNEHMERS/DER VOLLMACHTNEHMERIN

ORT, DATUM

UNTERSCHRIFT DES VOLLMACHTGEBERS/DER VOLLMACHTGEBERIN

Postvollmacht

Hiermit erteile ich,

_______________ VORNAME(N) UND NACHNAME

_______________ STRASSE UND HAUSNUMMER

_______________ POSTLEITZAHL UND WOHNORT

_______________ GEBURTSDATUM

Vollmacht an

_______________ VORNAME(N) UND NACHNAME

_______________ STRASSE UND HAUSNUMMER

_______________ POSTLEITZAHL UND WOHNORT

_______________ GEBURTSDATUM

für den Zeitraum

von _______________ DATUM

bis _______________ DATUM

sämtliche an mich gerichteten gewöhnlichen Postsendungen entgegenzunehmen bzw. bei einer zuständigen Poststelle abzuholen.

Die bevollmächtigte Person darf darüber hinaus auch an mich gerichtete »eigenhändige« Sendungen sowie Sondersendungen empfangen und den Empfang dieser Sendungen quittieren.

☐ Ja

☐ Nein

Diese Vollmacht gilt bis zum oben angegebenen Datum, gegebenenfalls auch über meinen Tod hinaus.

ORT, DATUM

UNTERSCHRIFT DES VOLLMACHTNEHMERS/DER VOLLMACHTNEHMERIN

ORT, DATUM

UNTERSCHRIFT DES VOLLMACHTGEBERS/DER VOLLMACHTGEBERIN

Bestattungsverfügung

Hiermit erkläre ich,

_______________________________ VORNAME(N) UND NACHNAME

_______________________________ STRASSE UND HAUSNUMMER

_______________________________ POSTLEITZAHL UND WOHNORT

_______________________________ GEBURTSDATUM

meine Wünsche im Zusammenhang mit meiner eigenen Bestattung. Diese sollen nach meinem Tod möglichst genau berücksichtigt werden. Sollten bestimmte Wünsche nicht exakt erfüllbar sein, soll für diese Wünsche nach machbaren ähnlichen Alternativen gesucht werden.

Meine Wünsche zur Art der Bestattung

Zunächst bestimme ich, auf welche Art ich bestattet werden möchte. Falls eine Bestattungsart in meinem eigenen Land nicht zur Verfügung steht ...

☐ erlaube ich eine Bestattung im Ausland.

☐ soll eine möglichst ähnliche Bestattungsvariante im Inland gewählt werden.

Nach meinem Ableben wünsche ich ...

☐ eine Erdbestattung.

☐ eine Feuerbestattung.

☐ _______________________________

____

Ich wünsche ...

☐ ein gepflegtes Grab.

☐ ein pflegefreies Grab mit Grabmal bzw. Namenstafel.

☐ ein pflegefreies und anonymes Grab.

☐ ____

____

Im Fall einer Erdbestattung wünsche ich die Beisetzung in ...

☐ einem Reihengrab (ohne Bestimmung der Lage).

☐ einem Wahlgrab (mit Bestimmung der Lage) als Einzelstelle.

☐ einem Wahlgrab (mit Bestimmung der Lage) als Doppelstelle.

☐ einem Familiengrab.

Im Fall einer Feuerbestattung wünsche ich ...

☐ die Beisetzung in einem Erdurnengrab (Reihengrab).

☐ die Beisetzung in einem Erdurnengrab (Wahlgrab).

☐ die Beisetzung in einer Urnenstele.

☐ die Beisetzung in einer Urnenwand (»Kolumbarium«).

☐ die Beisetzung in einem Bestattungswald.

☐ soll meine Asche auf einer Aschestreuwiese eines Friedhofs ausgestreut werden.

☐ eine Seebestattung wegen meines folgenden besonderen Verhältnisses zur See:

____

____

____

☐ die Beisetzung auf einer Almwiese (nicht in Deutschland).

☐ eine Felsbestattung (nicht in Deutschland).

☐ eine Luftbestattung (nicht in Deutschland).

☐ eine Diamantbestattung (nicht in Deutschland).

☐ ______________________________

____

Sofern ich mich für ein Wahlgrab (Erdbestattung oder Feuerbestattung) entscheide, bitte ich, folgende Vorgaben für die Lage des Grabs zu beachten:

____

____

____

____

Meine Wünsche im Hinblick auf den Ort der Bestattung

Was den Ort meiner Bestattung betrifft ...

☐ habe ich keinen besonderen Wunsch.

☐ habe ich den Wunsch, an folgendem Ort bestattet zu werden:

____

____

Ich verfüge ...

☐ noch nicht über eine entsprechende Grabstelle.

☐ bereits über eine entsprechende Grabstelle, nämlich:

______________________________ STADT, LAND

______________________________ NAME DES FRIEDHOFS

______________________________ NUMMER DER GRABSTELLE

Meine Wünsche bezüglich des Grabmals

Im Hinblick auf das Grabmal für meine Bestattungsstätte erkäre ich, dass ich ...

☐ KEIN Grabmal wünsche.

☐ ein Grabmal folgender Beschaffenheit wünsche:

____

____

☐ ein Grabmal wünsche, dass von meinen Angehörigen ausgesucht werden soll.

Das Grabmal soll ...

☐ KEINE Inschrift haben.

☐ mit meinem Namen und meinen Lebensdaten beschriftet werden.

☐ mit folgendem Text beschriftet werden:

____

____

Meine Wünsche bezüglich der Trauerfeier

Nun mache ich eine ganze Reihe von Angaben zur Trauerfeier, wie ich sie mir idealerweise vorstelle. Ich wünsche ...

☐ eine Trauerfeier vor meiner Beisetzung.

☐ eine Trauerfeier vor der Einäscherung.

☐ eine Trauerfeier an meinem Grab.

☐ KEINE Trauerfeier.

Bezüglich religiösen Beistands erkläre ich, dass ich ...

☐ einen Beistand der katholischen Kirche wünsche.

- [ ] einen Beistand der evangelischen Kirche wünsche.
- [ ] einen Beistand folgender Glaubensgemeinschaft wünsche:

____

____

- [ ] KEINEN religiösen Beistand wünsche.

Bezüglich der Teilnehmer an meiner Trauerfeier wünsche ich, dass die Trauerfeier ...

- [ ] öffentlich stattfinden soll.
- [ ] im Kreis von Familie, Freunden und Bekannten stattfinden soll.
- [ ] im engsten Familienkreis stattfinden soll.
- [ ] im Kreis einer Liste von Personen stattfinden soll, die ich dieser Bestattungsverfügung anhänge.

Bezüglich einer Aufbahrung meines Leichnams erkläre ich, dass mein Leichnam ...

- [ ] für die Teilnehmer der Trauerfeier aufgebahrt werden soll.
- [ ] NICHT aufgebahrt werden soll.
- [ ] ____

____

Bei meiner Trauerfeier soll ...

- [ ] eine Trauerfeierrede abgehalten werden, und zwar von folgendem Redner bzw. folgender Rednerin:

____

____

- [ ] eine Trauerfeierrede abgehalten werden, wobei meine Angehörigen einen geeigneten Redner bzw. eine geeignete Rednerin bestimmen sollen.
- [ ] KEINE Trauerfeierrede abgehalten werden.

Bezüglich Musik bei meiner Trauerfeier wünsche ich, dass ...

- ☐ folgende Musik gespielt werden soll:

  ____

  ____

- ☐ folgende Musiker engagiert werden sollen:

  ____

  ____

- ☐ KEINE Musik gespielt werden soll.

Bezüglich Blumenschmuck bei meiner Trauerfeier wünsche ich ...

- ☐ folgenden Blumenschmuck:

  ____

  ____

- ☐ ein angemessenes Blumenbukett.
- ☐ KEINEN Blumenschmuck.

Im Anschluss an die Trauerfeier soll es ...

- ☐ Kaffee und Kuchen geben.
- ☐ ein Trauermahl geben.
- ☐ KEINE Verköstigung geben.
- ☐ ______________________________

  ____

  ____

Für meine Trauerfeier habe ich außerdem die folgenden Wünsche:

____

____

____

____

____

____

Meine Wünsche bezüglich einer Traueranzeige

Im Zusammenhang mit meiner Bestattung wünsche ich ...

☐ KEINE Traueranzeige.

☐ eine Traueranzeige in folgendem Medium bzw. folgenden Medien:

____

____

____

☐ eine Traueranzeige in einem geeigneten Medium bzw. geeigneten Medien, die meine Angehörigen auswählen sollen.

Der Text der Traueranzeige soll ...

☐ von meinen Angehörigen erstellt werden.

☐ wie folgt lauten bzw. folgenden Text enthalten:

____

____

____

Meine Wünsche bezüglich Trauerkarten

Im Zusammenhang mit meiner Bestattung wünsche ich ...

☐ KEINE Trauerkarten.

☐ Trauerkarten mit folgendem Motiv:

____

____

____

____

☐ Trauerkarten, die von meinen Angehörigen ausgewählt werden sollen.

Folgende Personen bzw. Personengruppen sollen eine Trauerkarte erhalten:

____

____

____

____

Folgende Personen bzw. Personengruppen sollen KEINE Trauerkarte erhalten:

____

____

____

____

Meine Wünsche bezüglich der Organisation meiner Bestattung

Ich wünsche eine Durchführung meiner Bestattung unter Berücksichtigung der oben genannten Wünsche durch ...

☐ ein Bestattungsinstitut, das meine Angehörigen auswählen sollen.

☐ folgendes Bestattungsinstitut:

______________________________ NAME DES INSTITUTS

______________________________ ANSCHRIFT

______________________________ RUFNUMMER

Ergeben sich im Hinblick auf die Durchführung meiner Bestattung Fragen, die nicht in dieser Bestattungsverfügung geklärt werden, soll die entsprechende Vorgehensweise ...

☐ vom beauftragten Bestattungsinstitut bestimmt werden.

☐ von folgender von mir hierzu ermächtigten Person bestimmt werden:

______________________________ VORNAME(N) UND NACHNAME

______________________________ STRASSE UND HAUSNUMMER

______________________________ POSTLEITZAHL UND WOHNORT

______________________________ GEBURTSDATUM

Hinweise zur finanziellen Absicherung meiner Bestattung

Die Kosten für meine Bestattung sollen gedeckt werden durch ...

☐ folgendes Bankkonto:

____

____

____

☐ den angefügten Bestattungsvorsorgevertrag.

☐ die angefügte Sterbegeldversicherung.

☐ ______________________________

____

Hinweise zu weiteren Dokumenten

Neben dieser Bestattungsverfügung habe ich ...

☐ KEIN Testament als weitere letztwillige Verfügung erstellt.

☐ ein Testament erstellt, das sich an folgendem Ort befindet:

____

____

Weitere Dokumente wie mein(e) Ausweis(e), mein Familienstammbuch und meine Gesundheitskarte befinden sich an diesem Ort:

____

____

Es folgen gegebenenfalls Hinweise auf weitere Dokumente, die im Zusammenhang mit meiner Bestattung relevant sind:

____

____

Sonstiges

____

____

____

____

Diese Bestattungsverfügung habe ich im Vollbesitz meiner geistigen Kräfte ohne jeglichen äußeren Druck erstellt. Falls eine Vorgabe in dieser Bestattungsverfügung nicht exakt umgesetzt werden kann, erwarte ich, dass mein aus den Vorgaben erkennbarer mutmaßlicher Wille umgesetzt wird.

- -

ORT, DATUM

- -

UNTERSCHRIFT

Vollmacht zur Regelung meines digitalen Nachlasses

Hiermit erteile ich,

______________________________ VORNAME(N) UND NACHNAME

______________________________ STRASSE UND HAUSNUMMER

______________________________ POSTLEITZAHL UND WOHNORT

______________________________ GEBURTSDATUM

Vollmacht an

______________________________ VORNAME(N) UND NACHNAME

______________________________ STRASSE UND HAUSNUMMER

______________________________ POSTLEITZAHL UND WOHNORT

______________________________ GEBURTSDATUM

Die von mir bevollmächtigte Person hat mein vollstes Vertrauen. Ich bevollmächtige diese Vertrauensperson hiermit, meinen digitalen Nachlass zu regeln. Die bevollmächtigte Person erhält in diesem Zusammenhang das Recht ...

- für meinen Todesfall alle erforderlichen Erklärungen an die betreffenden digitalen Dienste abzugeben.
- für meinen Todesfall alle meine digitalen Dateien sowie alle meine Benutzerkonten und Profile zu löschen oder gegebenenfalls an meine Erben zu verteilen. Die bevollmächtigte Person hat in diesem Zusammenhang die folgenden Wünsche zu beachten:

____

____

____

____

____

____

Diese Vollmacht zur Regelung meines digitalen Nachlasses gilt über meinen Tod hinaus, wenn ich diese nicht zu meinen Lebzeiten widerrufe.

Diese Vollmacht ist nicht übertragbar. Die bevollmächtigte Person hat nicht das Recht, Untervollmachten zu erteilen.

ORT, DATUM

UNTERSCHRIFT DES VOLLMACHTNEHMERS/DER VOLLMACHTNEHMERIN

ORT, DATUM

UNTERSCHRIFT DES VOLLMACHTGEBERS/DER VOLLMACHTGEBERIN

Meine digitalen Geräte und Benutzerkonten

Die folgende Übersicht enthält alle digitalen Geräte und Benutzerkonten, die mir bekannt sind. Ich überprüfe die Liste in regelmäßigen Abständen auf ihre Aktualität. Falls der Platz nicht ausreicht, mache ich weitere Angaben auf der Rückseite oder füge weitere Blätter hinzu.

1. Digitale Geräte

Es folgt eine Auflistung meiner digitalen Geräte (Desktop-PC, Notebook, Smartphone, Tablet-PC o. Ä.) und der zugehörigen Zugangspasswörter. Ich verwende eine möglichst genaue Gerätebezeichnung oder -beschreibung. Nicht mehr vorhandene Geräte streiche ich durch.

GERÄT: ____________________

PASSWORT: ____________________

GERÄT: ____________________

PASSWORT: ____________________

GERÄT: ____________________

PASSWORT: ____________________

GERÄT: ____________________

PASSWORT: ____________________

GERÄT: ____________________

PASSWORT: ____________________

GERÄT: ____________________

PASSWORT: ____________________

GERÄT: ____________________

PASSWORT: ____________________

GERÄT: ____________________

PASSWORT: ____________________

GERÄT: ____________________

PASSWORT: ____________________

2. Kostenpflichtige Digitalabos

Es folgt eine Auflistung von Benutzerkonten, bei denen ich kostenpflichtige Digitalabonnements abgeschlossen habe, also z. B. Streaming-Dienste, digitale Zeitschriften, Speicherdienste o. Ä.

ANBIETERNAME: ____________________

BENUTZERNAME: ____________________

PASSWORT: ____________________

ANBIETERNAME: ____________________

BENUTZERNAME: ____________________

PASSWORT: ____________________

ANBIETERNAME: ______________________________

BENUTZERNAME: ______________________________

PASSWORT: ______________________________

ANBIETERNAME: ______________________________

BENUTZERNAME: ______________________________

PASSWORT: ______________________________

ANBIETERNAME: ______________________________

BENUTZERNAME: ______________________________

PASSWORT: ______________________________

3. Betriebssystem-Benutzerkonten

Es folgt eine Auflistung von Benutzerkonten, die der Anmeldung bei einem Betriebssystem dienen und in der Regel mehrere Funktionen beinhalten (z. B. Microsoft-Konto, Google-Konto oder Apple Account).

ANBIETERNAME: ______________________________

BENUTZERNAME: ______________________________

PASSWORT: ______________________________

ANBIETERNAME: ______________________________

BENUTZERNAME: ______________________________

PASSWORT: ______________________________

ANBIETERNAME: ____________________

BENUTZERNAME: ____________________

PASSWORT: ____________________

ANBIETERNAME: ____________________

BENUTZERNAME: ____________________

PASSWORT: ____________________

ANBIETERNAME: ____________________

BENUTZERNAME: ____________________

PASSWORT: ____________________

4. Cloud-Benutzerkonten

Es folgt eine Auflistung von Benutzerkonten, die der Anmeldung bei Cloud-Diensten dienen, also Diensten, bei denen ich möglicherweise Dateien online gespeichert habe.

ANBIETERNAME: ____________________

BENUTZERNAME: ____________________

PASSWORT: ____________________

ANBIETERNAME: ____________________

BENUTZERNAME: ____________________

PASSWORT: ____________________

ANBIETERNAME: ____

BENUTZERNAME: ____

PASSWORT: ____

ANBIETERNAME: ____

BENUTZERNAME: ____

PASSWORT: ____

ANBIETERNAME: ____

BENUTZERNAME: ____

PASSWORT: ____

5. Benutzerkonten für die Kommunikation

Es folgt eine Auflistung von Benutzerkonten, die der Kommunikation dienen, also z. B. E-Mail-Konten oder Benutzerkonten von Chat-Anbietern.

ANBIETERNAME: ____

BENUTZERNAME: ____

PASSWORT: ____

ANBIETERNAME: ____

BENUTZERNAME: ____

PASSWORT: ____

ANBIETERNAME: ______________________________

BENUTZERNAME: ______________________________

PASSWORT: ______________________________

ANBIETERNAME: ______________________________

BENUTZERNAME: ______________________________

PASSWORT: ______________________________

ANBIETERNAME: ______________________________

BENUTZERNAME: ______________________________

PASSWORT: ______________________________

6. Benutzerkonten für soziale Netzwerke

Es folgt eine Auflistung von Benutzerkonten bei sozialen Netzwerken, in denen ich mich mit einem Profil präsentiere und mit anderen Nutzern austausche.

ANBIETERNAME: ______________________________

BENUTZERNAME: ______________________________

PASSWORT: ______________________________

ANBIETERNAME: ______________________________

BENUTZERNAME: ______________________________

PASSWORT: ______________________________

ANBIETERNAME: ______________________________

BENUTZERNAME: ______________________________

PASSWORT: ______________________________

ANBIETERNAME: ______________________________

BENUTZERNAME: ______________________________

PASSWORT: ______________________________

ANBIETERNAME: ______________________________

BENUTZERNAME: ______________________________

PASSWORT: ______________________________

7. Benutzerkonten für Onlinekäufe oder -verkäufe

Es folgt eine Auflistung von Benutzerkonten, die ich für Onlinekäufe oder -verkäufe verwende.

ANBIETERNAME: ______________________________

BENUTZERNAME: ______________________________

PASSWORT: ______________________________

ANBIETERNAME: ______________________________

BENUTZERNAME: ______________________________

PASSWORT: ______________________________

ANBIETERNAME: ____

BENUTZERNAME: ____

PASSWORT: ____

ANBIETERNAME: ____

BENUTZERNAME: ____

PASSWORT: ____

ANBIETERNAME: ____

BENUTZERNAME: ____

PASSWORT: ____

ANBIETERNAME: ____

BENUTZERNAME: ____

PASSWORT: ____

ANBIETERNAME: ____

BENUTZERNAME: ____

PASSWORT: ____

ANBIETERNAME: ____

BENUTZERNAME: ____

PASSWORT: ____

8. Benutzerkonten für Onlinebanken und -bezahldienste

Es folgt eine Auflistung von Benutzerkonten, die ich online führe, sowie von Onlinebezahldiensten.

ANBIETERNAME: ______________________________

BENUTZERNAME: ______________________________

PASSWORT: ______________________________

ANBIETERNAME: ______________________________

BENUTZERNAME: ______________________________

PASSWORT: ______________________________

ANBIETERNAME: ______________________________

BENUTZERNAME: ______________________________

PASSWORT: ______________________________

ANBIETERNAME: ______________________________

BENUTZERNAME: ______________________________

PASSWORT: ______________________________

ANBIETERNAME: ______________________________

BENUTZERNAME: ______________________________

PASSWORT: ______________________________

9. Benutzerkonten für eigene Webseiten

Es folgt eine Auflistung von Benutzerkonten, mit denen ich eigene Webseiten verwalte.

ANBIETERNAME: ______________________________

BENUTZERNAME: ______________________________

PASSWORT: ______________________________

ANBIETERNAME: ______________________________

BENUTZERNAME: ______________________________

PASSWORT: ______________________________

ANBIETERNAME: ______________________________

BENUTZERNAME: ______________________________

PASSWORT: ______________________________

ANBIETERNAME: ______________________________

BENUTZERNAME: ______________________________

PASSWORT: ______________________________

ANBIETERNAME: ______________________________

BENUTZERNAME: ______________________________

PASSWORT: ______________________________

10. Sonstige Benutzerkonten

Es folgt eine Auflistung von Benutzerkonten, die in keine der anderen Kategorien passen.

ANBIETERNAME: ______

BENUTZERNAME: ______

PASSWORT: ______

ANBIETERNAME: ______

BENUTZERNAME: ______

PASSWORT: ______

ANBIETERNAME: ______

BENUTZERNAME: ______

PASSWORT: ______

ANBIETERNAME: ______

BENUTZERNAME: ______

PASSWORT: ______

ANBIETERNAME: ______

BENUTZERNAME: ______

PASSWORT: ______

ANBIETERNAME: ______________________________

BENUTZERNAME: ______________________________

PASSWORT: ______________________________

ANBIETERNAME: ______________________________

BENUTZERNAME: ______________________________

PASSWORT: ______________________________

ANBIETERNAME: ______________________________

BENUTZERNAME: ______________________________

PASSWORT: ______________________________

ANBIETERNAME: ______________________________

BENUTZERNAME: ______________________________

PASSWORT: ______________________________

ANBIETERNAME: ______________________________

BENUTZERNAME: ______________________________

PASSWORT: ______________________________

Notfallhinweise für die Brieftasche

Informieren Sie bitte im Notfall:

NAME: ______________________________

RUFNUMMER: ______________________________

Ist die oben genannte Person nicht erreichbar, so informieren Sie bitte:

NAME: ______________________________

RUFNUMMER: ______________________________

Bitte beachten Sie bei der weiteren Behandlung und Vorgehensweise im Notfall die von mir an folgendem Ort

____

____

bereitgehaltenen Dokumente (Zutreffendes kreuze ich an):

- ☐ Patientenverfügung
- ☐ Organspendeverfügung
- ☐ Pflegeverfügung
- ☐ Betreuungsverfügung
- ☐ Vorsorgevollmacht
- ☐ Liste der Notfallkontakte

Sonstige Notfallhinweise:

Liste der Notfallkontakte

Die folgende Liste enthält Kontaktdaten wichtiger Personen, Personengruppen oder Institutionen für den schnellen Zugriff in Notfällen. Ich überprüfe die Liste in regelmäßigen Abständen auf ihre Aktualität. Falls der Platz nicht ausreicht, mache ich weitere Angaben auf der Rückseite oder füge weitere Blätter hinzu.

Lebenspartner und Verwandte

NAME: ______________________________

ANSCHRIFT: ______________________________

RUFNUMMER: ______________________________

E-MAIL-ADRESSE: ______________________________

SONSTIGES: ______________________________

NAME: ______________________________

ANSCHRIFT: ______________________________

RUFNUMMER: ______________________________

E-MAIL-ADRESSE: ______________________________

SONSTIGES: ______________________________

NAME: ______________________________

ANSCHRIFT: ______________________________

RUFNUMMER: ______________________________

E-MAIL-ADRESSE: ______________________________

SONSTIGES: ______________________________

NAME: ____

ANSCHRIFT: ____

RUFNUMMER: ____

E-MAIL-ADRESSE: ____

SONSTIGES: ____

NAME: ____

ANSCHRIFT: ____

RUFNUMMER: ____

E-MAIL-ADRESSE: ____

SONSTIGES: ____

Freunde, Bekannte, Vereine

NAME: ____

ANSCHRIFT: ____

RUFNUMMER: ____

E-MAIL-ADRESSE: ____

SONSTIGES: ____

NAME: ____

ANSCHRIFT: ____

RUFNUMMER: ____

E-MAIL-ADRESSE: ____

SONSTIGES: ____

NAME: ______________________________

ANSCHRIFT: ______________________________

RUFNUMMER: ______________________________

E-MAIL-ADRESSE: ______________________________

SONSTIGES: ______________________________

NAME: ______________________________

ANSCHRIFT: ______________________________

RUFNUMMER: ______________________________

E-MAIL-ADRESSE: ______________________________

SONSTIGES: ______________________________

NAME: ______________________________

ANSCHRIFT: ______________________________

RUFNUMMER: ______________________________

E-MAIL-ADRESSE: ______________________________

SONSTIGES: ______________________________

Bevollmächtigte bzw. Betreuer

NAME: ______________________________

ANSCHRIFT: ______________________________

RUFNUMMER: ______________________________

E-MAIL-ADRESSE: ______________________________

SONSTIGES: ______________________________

NAME: ______________________________

ANSCHRIFT: ______________________________

RUFNUMMER: ______________________________

E-MAIL-ADRESSE: ______________________________

SONSTIGES: ______________________________

NAME: ______________________________

ANSCHRIFT: ______________________________

RUFNUMMER: ______________________________

E-MAIL-ADRESSE: ______________________________

SONSTIGES: ______________________________

NAME: ______________________________

ANSCHRIFT: ______________________________

RUFNUMMER: ______________________________

E-MAIL-ADRESSE: ______________________________

SONSTIGES: ______________________________

NAME: ______________________________

ANSCHRIFT: ______________________________

RUFNUMMER: ______________________________

E-MAIL-ADRESSE: ______________________________

SONSTIGES: ______________________________

Versicherungen und Behörden

NAME: ______________________________

ANSCHRIFT: ______________________________

RUFNUMMER: ______________________________

E-MAIL-ADRESSE: ______________________________

SONSTIGES: ______________________________

NAME: ______________________________

ANSCHRIFT: ______________________________

RUFNUMMER: ______________________________

E-MAIL-ADRESSE: ______________________________

SONSTIGES: ______________________________

NAME: ______________________________

ANSCHRIFT: ______________________________

RUFNUMMER: ______________________________

E-MAIL-ADRESSE: ______________________________

SONSTIGES: ______________________________

NAME: ______________________________

ANSCHRIFT: ______________________________

RUFNUMMER: ______________________________

E-MAIL-ADRESSE: ______________________________

SONSTIGES: ______________________________

NAME: ____

ANSCHRIFT: ____

RUFNUMMER: ____

E-MAIL-ADRESSE: ____

SONSTIGES: ____

Hausarzt und Fachärzte

NAME: ____

ANSCHRIFT: ____

RUFNUMMER: ____

E-MAIL-ADRESSE: ____

SONSTIGES: ____

NAME: ____

ANSCHRIFT: ____

RUFNUMMER: ____

E-MAIL-ADRESSE: ____

SONSTIGES: ____

NAME: ____

ANSCHRIFT: ____

RUFNUMMER: ____

E-MAIL-ADRESSE: ____

SONSTIGES: ____

NAME: ______________________________

ANSCHRIFT: ______________________________

RUFNUMMER: ______________________________

E-MAIL-ADRESSE: ______________________________

SONSTIGES: ______________________________

NAME: ______________________________

ANSCHRIFT: ______________________________

RUFNUMMER: ______________________________

E-MAIL-ADRESSE: ______________________________

SONSTIGES: ______________________________

Stellen, an die ich regelmäßige Zahlungen leiste

NAME: ______________________________

ANSCHRIFT: ______________________________

RUFNUMMER: ______________________________

E-MAIL-ADRESSE: ______________________________

SONSTIGES: ______________________________

NAME: ______________________________

ANSCHRIFT: ______________________________

RUFNUMMER: ______________________________

E-MAIL-ADRESSE: ______________________________

SONSTIGES: ______________________________

NAME: ______________________________

ANSCHRIFT: ______________________________

RUFNUMMER: ______________________________

E-MAIL-ADRESSE: ______________________________

SONSTIGES: ______________________________

NAME: ______________________________

ANSCHRIFT: ______________________________

RUFNUMMER: ______________________________

E-MAIL-ADRESSE: ______________________________

SONSTIGES: ______________________________

NAME: ______________________________

ANSCHRIFT: ______________________________

RUFNUMMER: ______________________________

E-MAIL-ADRESSE: ______________________________

SONSTIGES: ______________________________

Sonstige Notfallkontakte

NAME: ______________________________

ANSCHRIFT: ______________________________

RUFNUMMER: ______________________________

E-MAIL-ADRESSE: ______________________________

SONSTIGES: ______________________________

NAME: ______________________________

ANSCHRIFT: ______________________________

RUFNUMMER: ______________________________

E-MAIL-ADRESSE: ______________________________

SONSTIGES: ______________________________

NAME: ______________________________

ANSCHRIFT: ______________________________

RUFNUMMER: ______________________________

E-MAIL-ADRESSE: ______________________________

SONSTIGES: ______________________________

NAME: ______________________________

ANSCHRIFT: ______________________________

RUFNUMMER: ______________________________

E-MAIL-ADRESSE: ______________________________

SONSTIGES: ______________________________

NAME: ______________________________

ANSCHRIFT: ______________________________

RUFNUMMER: ______________________________

E-MAIL-ADRESSE: ______________________________

SONSTIGES: ______________________________

NAME: ____________________

ANSCHRIFT: ____________________

RUFNUMMER: ____________________

E-MAIL-ADRESSE: ____________________

SONSTIGES: ____________________

NAME: ____________________

ANSCHRIFT: ____________________

RUFNUMMER: ____________________

E-MAIL-ADRESSE: ____________________

SONSTIGES: ____________________

NAME: ____________________

ANSCHRIFT: ____________________

RUFNUMMER: ____________________

E-MAIL-ADRESSE: ____________________

SONSTIGES: ____________________

NAME: ____________________

ANSCHRIFT: ____________________

RUFNUMMER: ____________________

E-MAIL-ADRESSE: ____________________

SONSTIGES: ____________________

Inhaltsverzeichnis der Notfallmappe

Dieser Ordner/diese Mappe enthält (in dieser Reihenfolge):

- ☐ Patientenverfügung
- ☐ Organspendeverfügung
- ☐ Pflegeverfügung
- ☐ Betreuungsverfügung
- ☐ Vorsorgevollmacht
- ☐ Bankvollmacht
- ☐ Postvollmacht
- ☐ Bestattungsverfügung
- ☐ Übersicht über Notfallkontakte
- ☐ ______________________________
- ☐ ______________________________
- ☐ ______________________________
- ☐ ______________________________

Weitere Vorsorgeunterlagen befinden sich an folgenden Orten:

☐ Testament:

____

____

☐ Liste meiner digitalen Geräte und Benutzerkonten:

____

____

☐ ____________________:

____

____

☐ ____________________:

____

____